Andreas Nießeler

Lebendiges erkennen

Andreas Nießeler

Lebendiges erkennen

Essays und philosophische Experimente

wbg Academic

Die Deutsche Nationalbibliothek verzeichnet diese Publikation in der Deutschen Nationalbibliografie; detaillierte bibliografische Daten sind im Internet über www.dnb.de abrufbar.

wbg Academic ist ein Imprint der Verlag Herder GmbH

Umschlagsabbildung: akg / Science Photo Library
Satz und eBook: Satzweiss.com Print, Web, Software GmbH
Gedruckt auf säurefreiem und
alterungsbeständigem Papier
Printed in Germany

Besuchen Sie uns im Internet: www.wbg-wissenverbindet.de

ISBN 978-3-534-40676-0

Elektronisch ist folgende Ausgabe erhältlich:
eBook (PDF): 978-3-534-40677-7

Inhalt

Vorbemerkung

„Leben“ rückt zunehmend in den Fokus der Aufmerksamkeit philosophischer Reflexionen, nachdem die bisherigen Leitkonzepte „Geist“, „Vernunft“ oder „Bewusstsein“ anscheinend abgenutzt wurden. Auch wenn eine Renaissance der Lebensphilosophie nicht angestrebt werden sollte, da diese durch einen diffusen Erlebnisbegriff und Nähen zum organischen Denken allzu leicht in ideologische Indoktrination verstrickt werden kann, so zeigen die Wahrnehmungen von Phänomenen des Lebendigen und deren Theorien an, dass die Philosophie diese nicht einfach ausblenden darf. Sind Nachdenkende doch Lebewesen, nicht unsterbliche Subjekte.

Aus dem Leben heraus denken, ist nicht nur Prinzip lebensweltlich orientierter Theoriebildung im Umfeld der Kritik moderner Wissenschaften, welche ihr Fundament in den Praxen alltäglichen Handelns vergessen haben. Es erfordert auch eine *époche*, d. h. ein Innehalten, welches sich vergegenwärtigt, dass Bewusstsein in einer Welt existiert, die Leben hervorgebracht hat, und dass hinter den Grenzen dieser Welt nicht einfach Bereiche „toter“ Objekte beziehungsweise anorganischer Materie angenommen werden können.

Die Objektivierung und Vergegenständlichung von Lebensformen aus menschlicher Sicht war lange Zeit ein wirksames Mittel, um die Dinge hand- und begreifbar zu machen, sodass sie Machtfantasien untergeordnet werden können. Himmelsphänomene erscheinen nur brav und still in den Objektiven der Teleskope oder auf den an diesen angeschlossenen Monitoren in einer Sphäre jenseits der Welt, die keinerlei Bedeutung zu haben scheint. Diese ist hinter der Grenze des Horizonts und durch schier unüberwindbare Räume von uns getrennt: extraterrestrisch. Einzig drohende kosmische Katastrophen wie ein Asteroideneinschlag bereiten Sorgen, die sich aber durch die Möglichkeit der Berechnung und Vorhersehbarkeit von Umlaufbahnen solcher Objekte in Grenzen halten.

Dem Universum Leben zu entziehen, indem menschliche Kategorien alle Formen von Genese und Entwicklung überdecken, Organisches und Anorganisches säuberlich auseinanderzudividieren und sich selbst erhaltende und reproduzierende Systeme nur in vertrauten Molekülverbindungen zu akzeptieren, mag eine Strategie sein, um das Selbstbewusstsein des modernen Menschen nach der Entzauberung seiner Welt nicht infrage stellen zu müssen. Aber die Macht dieser Logik schafft nichts anderes als brüchige Argumentationen und löchrige Begründungkontexte.

Und dennoch möchte man an der Annahme festhalten, das Leben auf der Erde sei einzigartig. Selbst wenn man zugesteht, dass es auch auf anderen Planeten Lebensformen geben könnte, so nimmt man doch von diesen an, sie seien eher die Abweichung als die Regel im großen Uhrwerk des Universums. Angesichts der auf aktuelle astronomische Daten gestützten Annahme, dass es im Universum mehr als eine Billionen Galaxien mit jeweils Abermilliarden Sternen gibt, fürwahr eine sehr gewagte Behauptung. Die Doktrin der Leblosigkeit des Universums kann ebenso gut als Ergebnis menschlicher Vorstellungen gesehen werden, die gewissermaßen noch das Universum zu kolonisieren versuchen, zumindest indem es gedanklich als lebensfeindlicher, leerer Raum im Gegensatz zum blauen Planeten Erde dargestellt wird.

Um sich den Phänomenen des Lebens in einer schon lange durch Philosophie, Biologie, Astronomie, Astrophysik und Astrobiologie erweiterten Perspektive gedanklich anzunähern, ist eine Distanz notwendig, die auf den ersten Blick nicht selbstverständlich ist: Man könnte meinen, wir kennen uns mit dem Leben bestens aus, weil wir selbst ein Teil davon sind und es mit unserem Körper erspüren. Dennoch besitzen wir das Leben nicht, auch wenn große Anstrengungen der Vernunft darauf gerichtet sind, Leben verfügbar zu machen. Letztendlich bleibt die Zeit unseres Lebens begrenzt, und zwar sowohl die individuelle Lebenszeit als auch die Zeit der Spezies Mensch.

Die evolutionäre Sichtweise, welche auch den Menschen eine Geschichte mit einem Anfang und mit einem potenziellen Ende zuschreibt, ist für die Philosophie eine immense Herausforderung. Es gilt, Phänomene des Lebens in ihrer Vielfalt aus gewohnten Wahrnehmungsformen und Vorstellungen zu befreien, welche in der Lebenswelt beherrschbare Gegenstände konstruieren wollen. Entgegenständlichung charakterisiert die Methode, auf die es mir in diesen Überlegungen ankommt und die im ersten Essay erläutert wird: Wir vertrauen in unserem Erkennen zu sehr darauf, dass wir festgefasste Gegenstände wahrnehmen können, die wir wie die Objekte am Firmament als klar beschreibbare Planeten und Sonnen zu begreifen vermeinen. Unsere Gegenstände sind aber nur kulturell bedingte Konstrukte, die wir uns zum besseren Verständnis gezimmert und die wir in die Welt hineingelegt haben. Wollen wir Lebendiges erkennen und wollen wir ein Erkennen, das sich nach unseren Lebenserfahrungen richtet, ist es nicht angemessen, selbstgemachte Vorstellungen von Gegenständen ungefragt hinzunehmen oder der Wahrnehmung unterzuschieben. Ein lebensweltliches Erkennen muss auch die Lebenswelt unverstellt in den Blick nehmen. Man braucht dazu nicht nach Höherem zu streben. Es genügt die Aufmerksamkeit für Seiendes, das lebt, auch wenn dieses Genügen oft schwerer ist als mancher Höhenflug.

Grundlegend für diese Essays ist die Intention, den gewohnten Sichtweisen und Ansichten nicht zu vertrauen. Dinge, die als Gegenstände schnell handhab- und begreifbar scheinen, sollen aufgelöst werden, um Barrieren im Denken zu überwinden und um mit dem Wahrnehmen und Reflektieren neu anfangen zu können. Gerade an Schwellenphänomenen zeigen sich Diffusionen und Transformationen, die nicht mehr in gängige Muster passen. Gibt es eine Intentionalität von Evolution? Wie lässt sich Leben im Klima der Absurdität denken? Sind Viren Lebensformen oder leblose Partikel? Was hebt die Genese von Maschinen aus der Entwicklung evolutionärer Prozesse heraus und was bleibt vom Menschen, wenn dessen Bild verschwindet? Wie kann die Divergenz von Lebenszeit und Weltzeit begründet werden und welche Konsequenz hätte die Aufhebung dieser Divergenz? Gibt es Zukunft ohne Menschen?

So ergeben sich neben der systematischen Begriffsarbeit philosophische Experimente, die Perspektiven freilegen und neue Aussichten öffnen sollen. Möglicherweise wird Fragliches ans Licht kommen. Die Erträge sind demgemäß essayistisch. Bestenfalls entstehen Annäherungen an Ungewisses, jedoch besteht kein Anspruch auf letztgültige Antworten. Was bleibt ist das Erstaunen darüber, dass uns als Lebewesen Zeit gegeben wurde, über uns und unsere Welt nachzudenken und uns auf solche Spekulationen einzulassen, die „irgendwie“ schon von Anfang an mit der Geschichte des Universums ermöglicht worden sind.

Abbildung 1: Alexej Jawlensky: Abstrakter Kopf: Leben und Tod (1923).

Entgegenständlichungen: Kritische Reflexion der Erkenntnistheorie Kants

„Sobald ich einen Gegenstand außerhalb meiner wahrnahm, stellte sich das Bewußtsein, daß ich ihn sah, trennend zwischen mich und ihn, umgab ihn mit einer geistigen Schicht, die mich hinderte, jemals unmittelbar seine Substanz zu berühren; vielmehr verflüchtigte diese sich gleichsam, bevor ich in direkten Kontakt mit ihm treten konnte, so wie ein glühender Körper, den man an etwas Feuchtes hält, niemals die Feuchtigkeit selbst berührt, weil dazwischen immer eine Dunstzone liegt."[1]

1 Vorstellen und erfahren

Unser Weltbild ist davon geprägt, wie wir uns die Welt vorstellen. Bild und Methode dieser Formung hängen zusammen. „Wir machen uns ein Bild", bedeutet auch: Wir machen uns die Welt nach unserem Bild bzw. wir machen die Welt zu unserem Bild. *Mimesis* und *poiesis* sind hier zwar nicht identisch, aber verknüpft durch das Subjekt, das beides zusammenhält. Man kann nur das herstellen, was man kennt und was so in gewisser Hinsicht nachgeahmt wird: Eine Neuschöpfung wäre einem Gott oder Genius vorbehalten. Wir Menschen können unsere Bahnen nicht einfach verlassen. Die zeitkritische Phänomenologie hat diese Machbarkeitsutopie stark kritisiert und den Wahn der selbst bestimmenden Subjektivität in ihren Grenzen aufgezeigt. Man müsste untersuchen, ob das heute so noch rezipiert und

[1] Marcel Proust: Auf der Suche nach der verlorenen Zeit. Unterwegs zu Swann (Original: À la recherche du temps perdu. Du côté de chez Swann 1913). Frankfurt am Main 2004, S. 124.

verstanden wird. Versuchen wir daher einen Neuansatz, um diese Lesart wieder zu beleben und gegebenenfalls ins Heutige zu übersetzen, auch mit der Absicht, durch Reformulierung neue Aspekte freizulegen, die unbemerkt geblieben sind.

Die Vorstellung der Welt und unsere Erfahrungen stehen in einem Zusammenhang, den man gerne als eine Art Spiegel beschreiben würde, da dies vieles vereinfacht. Aber eine Theorie des Erkennens zielt auf eine grundlegende Differenz zwischen vorstellen und erfahren, welche im Alltäglichen nicht bewusst sein muss, weil sich unsere Weltbilder bewährt haben. Schon von Kindesbeinen an lernen wir, uns die Welt nach unseren Vorstellungen zurecht zu legen. Die wenigen andersartigen Erfahrungen können Angst, Wut, Ekel, Liebe, Begehren oder Verlangen hervorrufen. Zumeist bleiben wir aber auf der Ebene der Bilder. Wir wollen uns am liebsten mit dem beschäftigen und umgeben, was uns vertraut und nahe ist. Das Fremde und Andersartige lässt sich nicht beherrschen. Die moderne Erkenntnistheorie geht daher davon aus, dass der Mensch am besten das verstehen kann, was er selbst gemacht hat; nach dem Grundsatz von Hobbes: *Ubi ergo generatio nulla, … ibi nulla intelligitur.*

Und am besten meint auch am liebsten. Es entspricht dem Willen, selbst etwas zu machen, um das Fremde besser verstehen zu können. Erkennen ist daher nicht notwendig eine Konstruktion, aber notgedrungen. Wenn die intuitive Wesensschau oder die absolute Erkenntnis versagt ist, muss man anders agieren. Man macht so viel wie man kann, man verändert die Welt nach seinen Vorstellungen, man kultiviert das Fremde und Widerständige, sodass es einsichtig und plausibel wird, wenn es sich schon nicht von selbst zeigen möchte. Das Andere des Erkennens wird damit zum Gegenstand, der vom Erkennenden mittels der Methode, wie dieser es erkennen möchte, beherrscht wird. Man kann es als eine Technik bezeichnen, welche das Ungefähre und Unbestimmte zu einem bestimmten „Etwas" macht. Es könnte aber auch als Kultur der Wahrnehmung charakterisiert werden, welche in diesem Nebulösen der Sinneseindrücke bestimmte Gestalten erscheinen lässt. Immer meinen wir, diese symbolischen Formen hängen von uns ab, sind die Bedingungen unserer Vorstellungsbildung, und diese Abhängigkeit ermöglicht es uns, das Andere uns gegenüberzustellen, so als ob es uns nichts anginge; genauer gesagt, als ob es uns nicht angeht in dem Sinne, dass es uns angreift und auf uns zukommt. Die Distanz ist uns lieber.

Erfahrung und Gegenstand sind in ein merkwürdiges Wechselverhältnis geraten, welches das kulturelle Feld des (wissenschaftlichen) Erkennens abstecken möchte. Immanuel Kant beantwortet die erste seiner Grundfragen „Was kann ich wissen?" in diesem Sinne: „Die Bedingungen der *Möglichkeiten der Erfahrung* überhaupt sind zugleich Bedingungen der *Möglichkeiten der Gegenstände* der Erfahrung."[2] Die Vorstellung von Welt wird mit dieser Eingrenzung der Kritik abhängig von Gegenständen, die dieses Erfahrungsfeld strukturieren und die vom Subjekt gebildet werden können. Ohne diese Kraft zur Bildung von vorstellbaren Gegenständen ist kein Wissen denkbar. „Etwas" wird erst vorstellbar und gewinnt an Kontur, wenn es zu einem Gegenstand gemacht werden kann. In Kants Nachlass findet sich folgende Notiz, welche das Problem anschaulicher ausformuliert: „Der Welt erkennen will, muss sie zuvor zimmern, und zwar in ihm selbst."[3]

Diese Metapher der Erkenntnismethode ist nur auf den ersten Blick (in der Allegorie des Zimmermanns Joseph[4]) transzendent ausgerichtet – auf das Jenseits einer Welt. Die Entgötterung, wie Friedrich Schiller den gesellschaftlichen Vorgang der Moderne charakterisiert hat, geschieht bereits in der Reflexion der Potenz des eigenen Erkennens. Jeder ist nun in der Lage, die Welt nach seinem Bild zu schaffen. Bekanntlich dachte Kant seine Kritik nach dem Vorbild der Naturwissenschaft. Seine Kopernikanische Drehung ist *nur* ein naturwissenschaftlicher Wechsel der Perspektive. Die Methode naturwissenschaftlicher Erkenntnisbildung gilt so als *exemplarisch* für alle Erkenntnismethoden.[5]

2 Kants Körper

Bleiben wir einen Moment in diesem metaphorischen Raum, so wird deutlich, dass die Gegenstände dieser Erfahrung in einem weiteren Kontext der astronomischen

---

[2] Immanuel Kant: Kritik der reinen Vernunft (Original 1781/1787). In: Werkausgabe Band II. Hrsg. von W. Weischedel. Frankfurt am Main 1974, S. 201 (B 197).

[3] Nachlassnotiz. In: Gesammelte Schriften (Akademieausgabe) Band XXI. Berlin 1926, S. 42. Vgl. Arno Baruzzi: Mensch und Maschine. Das Denken sub specie machinae. München 1973, S. 31ff.

[4] Vgl. Heinz-Gerhard Haupt: Das „goldene" Handwerk. In: Etienne François & Hagen Schulze (Hrsg.): Deutsche Erinnerungsorte. Band II. München 2001, S. 386–404.

[5] Einer der wenigen, der diese Bedingung nicht akzeptieren wollte, war Ernst Cassirer, der auf die Pluralität der Erkenntnisformen hingewiesen hat. Siehe Ernst Cassirer: Philosophie der symbolischen Formen. Drei Bände (Original 1923–29). Darmstadt 2010.

Körper gedacht werden. Das schreibt Kant in der Vorrede zur zweiten Auflage der Kritik der reinen Vernunft, wo er die entscheidende Analogie zwischen der neuen, modernen Erkenntnistheorie und der Himmelsmechanik von Kopernikus und Newton herstellt. Und in dieser werden zum einen Weltphänomene als physikalische Körper betrachtet, zum anderen verlieren alle alten astronomischen Weltdeutungen ebenso wie ein beseelendes Weltbild jegliche Überzeugungskraft. Wie die Welt nicht mehr ein geschlossener Kosmos ist, über den die Sonne, der Mond, die Planeten und Sterne in ihren geordneten Bahnen ziehen, so sind die Epizykeln der Planetenbahnen nicht mehr sinnhaft und Ausdruck dynamischer Organismen. Wollte man allen Ernstes noch bis in Newtons Zeit hinein diese verwirrenden, hochkomplexen, doppelläufigen Bewegungen der Planeten durch mathematische Formeln berechnen, sind fortan die Himmelskörper nur noch tote Objekte am Firmament, die physikalischen Gesetzmäßigkeiten folgen. Die neue Perspektive, welche die Erde aus dem Mittelpunkt der Welt katapultiert, macht die Bahnen der Planeten mathematisch beschreibbar. Die kopernikanische Wende ist so gesehen die Umkehrung der Analogien. Das Sinnhafte, Belebte, Menschenähnliche ist nun dem Sinnlosen, Unbelebten, Anorganischen nachgeordnet. Dieses ist das Gesetz, jenes die Erscheinung.[6]

Kant beschreibt die Entstehung von Körpern in den Sonnen- und Weltensystemen sehr eindrücklich in seiner Theorie des Himmels, die den Kritiken vorausliegt und die Bildung seiner Vorstellungswelt im Geiste der Naturwissenschaften deutlich macht. Er führt die Entstehung eines Sonnensystems ebenso wie die der Milchstraßen auf die Einwirkung der beiden mechanischen Kräfte Anziehung und Abstoßung auf einen herumschwebenden Grundstoff der Weltmaterie

---

6 Eine zufällige Entdeckung bei der Recherche zu diesem Essay: „Rettung der Phänomene (griechisch σῴζειν τὰ φαινόμενα sōzein ta phainómena ‚die Erscheinungen retten', lateinisch salvāre apparentiās) nennt man das griechische astronomische Forschungsprogramm, das zum Ziel hatte, die scheinbar unregelmäßigen Bewegungen der Himmelskörper (die Erscheinungen) zu retten, das heißt, sie mit gleichförmigen kreisförmigen Bewegungen zu erklären und damit mit den gängigen Vorstellungen der Philosophie über die Himmelsmechanik zu vereinbaren, wie man sie etwa in Platons Ideenlehre findet." (https://de.wikipedia.org/wiki/Rettung_der_Phänomene; abgerufen am 19.06.2020) Hier ist wohl die Inspiration zu Martin Wagenscheins pädagogischem Grundprinzip zu vermuten, welches er in dem Buch „Rettet die Phänomene" entfaltet hat. Aber: warum bezieht sich Wagenschein dabei auf die antike Himmelstheorie, die der naturwissenschaftlichen Sicht der Dinge diametral entgegengesetzt ist?

zurück.[7] Die Bewegung sowie die Gestalt der Sonnen, Planeten, Monde und Kometen lassen sich in dieser Naturgeschichte entsprechend naturwissenschaftlich und mathematisch erklären. Ebenso die Entstehung aller Körper, und damit auch die Genese von Erkenntnissen, welche sich auf diese Körper beziehen.

Was ist die Intention dieser Himmelstheorie? Zum einen will Kant das physikalische und astronomische Standardwissen seiner Zeit zu einer Universaltheorie zusammenstellen und eine Art Weltformel ausformulieren. Zum anderen, und darin liegt das philosophisch Interessantere, stellt er sich den Fragen nach dem Sein, insofern als er in der Anwendung der von der Physik postulierten Naturgesetze die Möglichkeit der Demonstration einer göttlichen Schöpfungsordnung sieht, die Natur, Leben und Menschsein im hellen Licht des Verstandes erstrahlen lassen. Kant ist so begeistert von den Kräften, welche die Physik entdeckt hat, dass er in diesen das Vermögen der Erkenntnis sieht, die Welt erklärbar zu machen. Erkenntnistheorie und kosmologische Theorie gehen für ihn zusammen. Der Gegenstand der Vorstellung ist der Körper, der sich unter der Einwirkung mechanischer Kräfte aus der diffusen Mannigfaltigkeit von Teilchen zu einer beständigen und festen Gestalt bildet, die mit sich identisch sein kann. Für diese Identität wirken sowohl Anziehungs- als auch Abstoßungskraft, wobei das Gleichgewicht zwischen Attraktion und Repulsion rätselhaft ist, da es dafür verantwortlich ist, dass Körper beständig bleiben und sich Teilchen verklumpen und verdichten. Kant beschreibt so eine Bewegung, die das Sein davon abhält, in die Unendlichkeit auseinanderzudriften.

Hartmut und Gernot Böhme interpretieren in ihrer Rekonstruktion von Rationalitätsstrukturen am Beispiel Kants diesen Zusammenhang als Bezug auf die verdrängte Körperlichkeit, die sich im Einbezug der Abstoßungskraft niederschlägt.[8] Aber Kant verweist gar nicht auf eine Körpergrenze oder auf den erstaunlichen Zusammenhalt identisch bleibendem Seienden. Vielmehr belegt er seine Aussagen mit der Elastizität der Dünste, dem Ausfluss stark riechender Körper und der

7 Kant bezieht sich auch auf astronomische Kenntnisse seiner Zeit über den Andromeda-Nebel, der als eigenes, milchstraßenähnliches Sternensystem erkannt wurde, wenngleich die Zahl der Sterne in dieser Galaxie aufgrund der Technik astronomischer Beobachtung noch nicht bekannt sein konnte.

8 Hartmut & Gernot Böhme: Das Andere der Vernunft. Zur Entwicklung von Rationalitätsstrukturen am Beispiel Kants. Frankfurt am Main 1983.

Ausbreitung aller geistigen Materie, die unstreitige Phänomene der Natur seien.[9] Dieser starke naturwissenschaftliche Hintergrund muss bei Kants Erkenntnislehre mit bedacht werden. Denn Kant ist zuerst exakter Naturwissenschaftler, seine Theorie des Himmels liegt der Theorie der Erkenntnis voraus. Darum spricht Kant bewusst in der Erkenntnistheorie von Körpern, die vorgestellt werden, und verweist auf die Analogie zwischen der Kopernikanischen Wende und der nachmetaphysischen Erkenntnisreflexion: Die Vorstellungen von Körpern verdichten sich wie die astronomischen Körper im Grundstoff der Materie in der Mannigfaltigkeit der Sinneseindrücke; und die Bedingungen der Verstandestätigkeit sind die Gesetzmäßigkeiten dieser „Verklumpungen".

In der Vorrede zur Theorie des Himmels fordert Kant euphorisch: „Gebet mir Materie, ich will eine Welt daraus bauen! das ist, gebet mir Materie, ich will euch zeigen, wie eine Welt daraus entstehen soll."[10] Aber gleich wenig später im Text schränkt er diesen Genius massiv ein und legt ihm Zügel an: „Ist man im Stande zu sagen: Gebt mir Materie, ich will euch zeigen, wie eine Raupe erzeugt werden könnte?"[11]

Während die Physik die Phänomene unbelebter Körper nahezu restlos erklärt und so als Modell für Vorstellungsbildungen dienen kann, eignet sie sich (noch) nicht für die Erklärung des Lebendigen, wobei fraglich ist, ob Kant überhaupt meint, das Lebendige, und damit in seinem Sinne die Schöpfung allen Seins, sei prinzipiell mit den Mitteln der Physik erklärbar, wenn man alle Gesetze erkannt hat, oder ob er meint, Lebendiges wie eine Raupe sei niemals restlos mechanisch-naturwissenschaftlich erklärbar, da sich damit auch die Frage nach dem Sein des Menschen als Lebewesen bzw. als lebendiger Körper stellen müsste. Und wenngleich es für Kant selbstverständlich zu sein scheint, dass andere Planeten von vernünftigen Wesen bewohnt seien, so thematisiert er nicht das Rätsel des Lebendigen auf der Erde, geschweige denn extraterrestrische Lebensformen, da dieses mit dem Wissen seiner Zeit nicht mechanisch erfasst werden könne:

---

9 Immanuel Kant: Allgemeine Naturgeschichte und Theorie des Himmels. Oder: Versuch von der Verfassung und dem mechanischen Ursprunge des ganzen Weltgebäudes nach Newtonischen Grundsätzen abgehandelt. Königsberg und Leipzig 1755, S. 29–30.

10 Ebd., XXXIII.

11 Ebd., XXXIV–XXXV.

> „Man darf es sich also nicht befremden lassen, wenn ich mich unterstehe zu sagen: daß eher die Bildung aller Himmelskörper, die Ursache ihrer Bewegungen, kurz, der Ursprung der ganzen gegenwärtigen Verfassung des Weltbaues, werde können eingesehen werden, ehe die Erzeugung eines einzigen Krauts oder einer Raupe, aus mechanischen Gründen, deutlich und vollständig kund werden wird."[12]

Kant verlässt mit seiner Himmels- und Erkenntnistheorie also nicht nur die Ontologie, die alles Seiende umfasst. Er schränkt den Blick auf physikalische Körper ein, mehr noch, er lenkt den Blick nur auf diese. Dieses Primat der mathematisch-naturwissenschaftlichen Physik markiert den Beginn der modernen Erkenntnistheorie, die fortan sowohl das, was erkannt wird, als auch die Methode, wie es erkannt wird, festlegt. Alles andere ist kein Körper, sondern das berüchtigte Ding an sich, das aber nicht zu kümmern braucht, weil die Welt der Körper ja erklärbar ist. Der Grenzbegriff eines nicht naturwissenschaftlich begreifbaren Dinges wird damit zu einem peripheren Phänomen am Rand des menschlichen Erkenntnisvermögens, das darauf vertraut, das Universum erkennen zu können. Dinge an sich sind in diesem Selbstverständnis nicht notwendig. Sie sind nur Ausdruck gespielter Bescheidenheit, welche die Kritik der reinen Vernunft dem Menschen anempfiehlt, hoffend, dass er die Potenz zur Welterkenntnis hat, welche die Entstehung des Weltsystems aus dem Grundstoff der Materie bereits erklären konnte. Was sollte da noch offen, befremdlich und unerklärbar sein außer Unvernünftiges?

Kant nimmt das Ding an sich also selbst nicht ernst. Denn würde er es tun, wäre seine Naturgeschichte überflüssig, mehr noch, wäre die eigentliche Intention seiner Philosophie, die Begründung der Ideen der reinen Vernunft und der deistische Beweis der Existenz Gottes, hinfällig. Wenn wir die Dinge nicht erkennen können, wie sie sind, wäre Naturwissenschaft und mit ihr die Erkenntnistheorie nicht möglichen. Die Existenz Gottes kann in einem mechanischen Weltsystem nur gerechtfertigt werden, wenn es den Menschen gibt, der seinen Plan erkennt.

Ob nun der Materialismus Ergebnis dieser modernen Erkenntnistheorie ist oder umgekehrt, spielt im Grunde keine Rolle. Wichtig ist festzuhalten, dass die Subjektivität ein ganz bestimmtes Verständnis von Objektivität zugrunde legt, welches eben nicht auf Lebendiges a priori bezogen ist, sondern das Lebendige aus

[12] Ebd., XXXV.

diesen ableitet, als ob Leben eine Form der Chemie wäre, die nur unter bestimmten Bedingungen existiert. Das Lebendige wird so als die große Ausnahme im Universum gesetzt, als das Wunder, das nach unserem Kenntnisstand auf den von uns bewohnten und bekannten Planeten Erde beschränkt ist. Wir sind, wenn man sich schon nicht mehr als Gottes Ebenbild oder Krone der Schöpfung bezeichnen will, der Hauptgewinn in der unendlichen Verlosung der Kosmologie. Und diese Singularität ist uns nicht begreifbar, weil uns der unglaubliche Glücksfall dieses Lottogewinns nicht bewusst ist – wir sind er ja schließlich selbst.

Man hat – so überzeugend diese Argumentation ist – einige Folgeprobleme erzeugt, die wohl erst heute mehr und mehr zu Bewusstsein kommen, da das Lebendige und unser Planet bedroht sind. So ist es an der Zeit, die Entstehung dieser Denkungsweise und seine Hintergründe zu analysieren, um Alternativen aufzudecken, die durch das Selbstverständnis der gewohnten Methoden überdeckt worden sind.

3 Bedingungen des Vorstellens

Die Erkenntnistheorie nennt Bedingungen für die Erkenntnisbildung, analysiert diese aber nicht genauer, sondern setzt sie voraus. Raum und Zeit und die folgende Kategorientafel sind bereits Ableitungen einer Festlegung des Problems, welche die Aufmerksamkeit schnell auf die Verknüpfungen und Assoziationen lenken kann, auf das transzendentale Gebäude der Vernunft, wohingegen die ersten Setzungen aus dem Blick fallen, obwohl gerade diese im Hintergrund maßgeblich für das Geschehen verantwortlich sind.

Dieses Geschehen ist verortet in der Beziehung von unterschiedlichen „Seienden“, die im Nachhinein als Subjekt und Objekt ausgelegt werden können. Diese Auslegung ist aber nur eine Form der Betrachtung einer Interaktion von verschiedenen Zuständen. Wenn ich – diese Interaktion reflektierend – etwas wahrnehme, so geschieht sowohl mit mir etwas als auch jenseits meines Körpers, der wahrnimmt. Etwas muss geschehen, ansonsten würde mir nichts auffallen. Die Erkenntnistheorie nach Kant setzt dieses „etwas“ nun als etwas Bestimmtes voraus, das dem Subjekt gegenübersteht. Der Gegenstand lässt sich als etwas Ruhendes, zumindest Beständiges denken. Er hat eine Substanz, die nur mit Gewalt zerstört werden könnte.

Nimmt man zum Beispiel einen Stein, so ist jene Beschreibung einer Erkenntnis recht gut nachvollziehbar. Der Stein kann als solcher erkannt werden, weil er dem Subjekt gegenübersteht und – auch augenscheinlich – vorliegt. Er bewegt sich in der Regel nicht, sondern wird bestenfalls bewegt. Die Substanz eines Steines liegt bei seiner Erscheinung vor, sie kann leicht begriffen werden.

Man könnte nun der Philosophie unterstellen, dass sie gerne mit solchen Beispielen agiert, weil sich damit viele Probleme leichter lösen lassen, als wenn sie gleich mit komplexen Zusammenhängen beginnen würde. Was am Beispiel des Steines erkannt werden kann, lässt sich auch auf andere Fälle übertragen. Aber die potenzielle Reduktion von Komplexität ist auch notwendige Intention einer Vernunft, die ihre Wege und Methoden nachvollziehbar machen will, anstatt sich im mehr mythischen „Geraune“ von Welteindrücken mitreißen zu lassen. Der Logos ist vernünftig, weil er verständlich ist, indem er alles auf seine Gründe zurückführt und damit eine Argumentation grundlegt, die das Rauschen der Wahrnehmungen zum Stillstand bringt. Nur mithilfe der Distanz zu dem, was die Sinnlichkeit vernimmt und was als Stimmung und Atmosphäre vernehmbar wäre, werden die Begriffe klar und bestimmt, greifbar wie ein Stein. Jeder muss diese Gedankengänge nachvollziehen können, wenn er sich seiner Vernunft bedient.

So heißt es in einer der ersten systematischen Abhandlungen der Philosophie zur Begründung der Wissenschaft bei Aristoteles: „Die Wissenschaft von der Natur scheint sich zum größten Teil mit den Körpern, Größen und deren Eigenschaften und Bewegungen zu befassen; ferner mit den Prinzipien, soweit sie zu dieser Wesenheit gehören.“[13] Die Gegenstände der Physik werden näher charakterisiert als Dinge, die von Natur bestehen, die Körper und Größen sind oder diese haben oder die Prinzipien jener sind, die diese haben. Entscheidend ist dabei der Nachsatz: „Kontinuierlich ist nun dasjenige, was in ein immer wieder Teilbares geteilt werden kann. Körper ist dasjenige, was allseitig teilbar ist.“[14]

Der Körper, so wie er von Aristoteles vorgestellt wird, hat eine klar konturierte Gestalt. Diese Vorstellung hat auch etwas mit dem Primat des Mathematischen zu tun, welches für das griechische Denken prägend wird und später zur Begründung der naturwissenschaftlichen Theorien der Berechenbarkeit von Gesetzmäßigkeiten mithilfe von in Zahlen erfassbaren Naturkonstanten geführt

[13] Aristoteles: Vom Himmel. München 1983, S. 55 (Erstes Buch 268 a 1–21).

[14] Ebd.

hat. Eine Gestalt ist nur dann als Körper zu sehen, wenn sie sinnvoll teilbar ist, sich also mathematisch beschreibbaren Verhältnissen beugt. Aber man darf nicht glauben, mit dem Teilchenmodell bei einem nicht weiter hinterfragbaren Atomismus angekommen zu sein, nach dem Körper wie eine Art Bausatz zusammengesetzt und wieder geteilt werden können. Die Quantenmechanik belehrt eines anderen. Und schon die problematische Analogie dieses Teilbereichs der Physik zur traditionellen Mechanik zeigt an, dass Bewegungen und Beschleunigungen von wahrnehmbaren Körpern nicht unbedarft auf energetische Verhältnisse jenseits des mit den menschlichen Sinnen ohne zusätzliche Messinstrumente nicht Wahrnehmbaren übertragen werden können. Einen Laplace'schen Dämon kann es nur in einem mechanisch determinierten Weltsystem geben. Die Heisenberg'sche Unschärferelation lässt diese Vision nicht mehr zu. Die Singularität entzieht nach Stephen Hawkins allen Körpern ihre Größe und mathematische Bestimmbarkeit.

Zurück zur Antike, in der eine entscheidende Weichenstellung gefallen ist, die weitgehend unbemerkt bleiben kann, wenn man nicht sprachsensibel auf die Begriffsarbeit und Begriffswahl achtet, die in dieser Zeit vollzogen worden ist und weitere Interpretationen geprägt hat. Allgemein charakterisiert man diesen Wechsel auf eine neue Spur als Übergang vom Mythos zum Logos. Und dieser Übergang ist eine maßgebliche Leistung auf dem Weg zur modernen Rationalität, die auch an dieser Stelle gewürdigt werden muss, um keine Missverständnisse zu provozieren. Die moderne Gesellschaft mit ihren Fortschritten wäre ohne diesen undenkbar. Die meisten symbolischen Formungskräfte des Mythos haben statische und bewahrende Momente, welche nicht zeitgemäß werden können und sich deswegen selbst überholen. Dennoch ist die Setzung des Aristoteles' bemerkenswert, aufgrund dessen er diese Dynamik erkaufen kann, unbeachtet der Folgeerscheinungen. Seine Körpervorstellung ist in diesem Sinne wegweisend. Er bezieht sich zwar auf den schon vor ihm bekannten Atomismus von Leukippos und Demokrit, positioniert sich aber entschieden gegen alle Vorsokratiker, welche nicht von solchen körperlichen Substanzen ausgehen, die einen klaren Körper und eine bestimmbare Größe haben.

Beispielsweise ist für Thales das Wasser das Urmodell aller Dinge, also die Substanz, aus der alles Übrige entsteht, während sie selbst erhalten bleibt. Aristoteles, nach dem diese Lehre überliefert ist, bezeichnet diese Substanz als „Urgrund". Daher glaubte Thales auch, wie Aristoteles feststellt, dass die Erde auf dem Wasser ruhe. Wasser ist im Gegensatz zum Stein ein Beispiel, das sich nicht so leicht fassen lässt. Die Bedeutung des Wassers ist unbestritten, so liegt es auf der Hand, dieses als Urstoff der Welt anzunehmen. Dabei denkt Thales nicht an die Bedingung des uns bekannten Lebens, sondern an den Grund allen Seienden, den man in der Philosophie als *arché* charakterisiert.

Sieht man genauer hin, so besteht zwischen den Beispielen ein gravierender Unterschied in der Struktur der Vorstellung zwischen einem bis in seine Atome ordentlich teilbaren Stein und den vielfältigen Erscheinungsformen des Wasserphänomens, das nicht auf dieselbe Weise greifbar ist. Solche „tastenden Begriffe" nähern sich den Weltbegebenheiten und generieren, auch in ihrer Anschaulichkeit, Weltbilder. Ob man sich den Urstoff der Welt als „Wasser" vorstellt oder als „Teilchen", spiegelt völlig unterschiedliche Methoden der Erkenntnisbildung wider, die erst im Nachhinein als richtig oder als falsch bestimmt werden.

Man könnte viele solche vergessenen Analogien aufdecken, etwa das Weltenfeuer bei Heraklit oder das Flussmodell. Luft und andere Formen eines Äthers wären denkbar; ebenso Wolken, Planetenbahnen, Gestirne. Wir denken den leeren Raum, das Vakuum als das Absolute, verbunden mit Krümmungen, Gravitationswellen und Saiten (Strings). Angemerkt werden kann, dass man mit diesen theoretischen Grundlegungen immer auch Ausschlüsse hat und Oppositionen bildet, die aus den ersten Setzungen der Erkenntnistheorie mit ihren Beispielen und Strukturen resultieren. In dem Moment, in dem man sich vorstellt, wie in der Regel Vorstellungen gebildet werden, werden Methoden der Erkenntnisbildung vorgezeichnet, die prägend für alles weitere sind. Solche symbolischen Formen sind nicht nur wahrnehmbare Gestalten für jegliches Nachdenken. Sie sind auch Bedingungen jeglichen Erkennens.

Die Aristotelische Setzung eines Körpers als Grundmodell des Gegenstandes von Erfahrungen reflektiert demnach bewusst auf spezifische Formen von Erfahrungen als Wahrnehmung konturierter Körperlichkeit. Sie sieht aber ab von Erfahrungen, die aus Begegnungen resultieren, die nicht auf leblose Objekte bezogen sind. Die gesamte Erkenntnistheorie fundiert auf solchen Modellen des Unbelebten. Das Lebendige wird dadurch erklärbar gemacht, aber es bildet nicht den Grund.

Erkenne dich selbst! Das wurde bisher vorrangig ausgelegt auf die Subjektivität im Erkennen. Es könnte aber auch als Erkenntnisprinzip angenommen werden: Man erkennt sich selbst am besten und überträgt diese Selbsterfahrung auf die Bedingungen der Welterkenntnis. Das Erkennen wird damit grundlegend anders, wenn es im Kontext der Selbsterfahrung von Philosophen betrachtet wird.[15]

Sicherlich wäre es müßig, über die Psyche von Aristoteles zu spekulieren oder Platons Eigenheiten in den Silhouetten seiner Ideenlehre aufzuspüren. Bei Diogenes in der Tonne ist dies versucht worden und sollte scheitern; ebenso wie eine psychoanalytische Anamnese den Problemen der Philosophen nicht gerecht werden kann. Aber es sollte auch nicht einfach eine körper- und seelenlose Subjektivität unterstellt werden, die sich jenseits aller Materialität in den spirituellen Höhen der geistigen Begrifflichkeit entwickelt. Von einer distanzierten Erkenntnis auszugehen und dieser eine Jenseitigkeit zuzuschreiben, die über alle Realität hinausgeht und dieser zugrunde liegt, setzt Erfahrungen voraus, die zeigen, was es heißt, von allem Wahrnehmbaren und Erlebbaren abzusehen und sich rein in die Vernunftwelt zu stürzen.

Diese so genannte „Eigentlichkeit" des Philosophen[16], seine radikale Einsamkeit im Angesicht des Seins, kann nur aus einer Position heraus angenommen werden, die in der Abwendung vom Alltäglichen eine gewisse Befriedigung findet. Wer zu sehr am Lebendigen in seiner Welthaftigkeit hängt, wer die Reize, Freuden und Genüsse der Welt über alles schätzt, wird nicht in den reinen Ideenhimmel hinaus wollen, er oder sie wird in der gemütlichen und von vielerlei Sensationen belebten Höhle bleiben. Und niemand kann letztlich entscheiden, ob der Aufstieg der richtige Weg ist oder ob er nur eine fantastische Spekulation bleibt, wohingegen die Wahrheiten auf dem Boden der Tatsachen zu suchen sind. Vielleicht gibt es nämlich gar keine Höhlenausgänge.

Was auffällt, ist die Abstraktionshöhe philosophischer Begriffe. „Sein" kann als reines Prinzip fungieren, weil ihm alle Attribute entzogen werden. „Sein" kann deswegen weder göttlich noch lebendig sein – dadurch erscheint es als Unbelebtes, als etwas Totes, als reine Begrifflichkeit oder als maßvolle Verhältnisse im Kosmos. Die Intention dieses Entzugs ist nachvollziehbar: Dem Mythos soll

---

15 Anzumerken sei hier, dass es auch etwas mit einer Distanziertheit von Rationalität zu tun hat, Körper als leblose und teilbare Objekte als das Primäre zu setzen, belebte Körper, Atmosphären, Emotionen als das Sekundäre.

16 Theodor W. Adorno: Jargon der Eigentlichkeit. Zur deutschen Ideologie. Frankfurt am Main 1964.

Grund und Boden genommen werden, auf dem er sich ausbreiten konnte. Die Legitimation geht in das Transzendente hinaus und schafft sich dort seine Felder: In der Ontologie, in der Mathematik, in der reinen Vernunft, in den Wissenschaften, die sich auf dieses Feld der „Natur" beziehen. Das ist auch gut so, denn der Mythos konnte keine Begründung für eine Erkenntnis bieten, die sowohl für das Zusammenleben als auch für die Wahrnehmung des Vorhandenen Geltung beanspruchen kann. Dennoch geht mit dieser Setzung etwas verloren: Nämlich die Aufmerksamkeit für das, was ist, für das Vorhandene, für das wie auch immer Konkrete, für das, was sich zeigt. Man muss an all diesen sekundären Eigenschaften vorbei blicken, um zum „Wesentlichen" zu gelangen, zu den primären Eigenschaften: zur Substanz der Dinge. Damit wird aber das, was ist, zu etwas Nachrangigem gemacht.

4 Das Andere im Erkennen

Die Erkenntnistheorie geht bezeichnenderweise von Gegenständen der Erfahrung aus. Grammatikalisch betrachtet ist das sicherlich korrekt, aber wenn man es unter die Lupe nimmt, so zeigen sich doch elementare Grundlegungen und Grundsatzentscheidungen. Ein Gegenstand scheint der Zeit entzogen zu sein. Er ist etwas, was vorhanden ist, aber keine eigene Geschichte hat. Die zeitliche Kategorie kann ihm a priori untergeschoben werden, als menschliche Sichtweise und als Verstandeskategorie, die nicht ontologisch betrachtet werden muss. Ein Gegenstand befindet sich zu einer bestimmten Zeit an einem bestimmten Ort. Er wird determiniert durch dieses euklidische Koordinatensystem, das ebenso dem Weltbild der Newtonschen Physik entspricht. Er hat nichts Verschwommenes, Nebulöses, Undeutliches oder gar Unbestimmbares an sich, sondern kann deutlich gemacht werden.

Das Objekt ist in diesem Kontext die Bildung des Subjekts, das seine Gegenstände setzt und aus seinen Erfahrungen in die Vorstellung herausnimmt. Es bleibt das Überraschende und Unvorhersehbare der Erfahrungen, gewissermaßen das „Natürliche" oder das „Wilde", das den Menschen ergreift. Aber Erkennen bedeutet, davon absehen zu lernen und die Erfahrungen seinen Regeln unterzuordnen. Subjektivität ist eine „Unterstellung", wie Heidegger fundamentalontologisch herausgearbeitet und Böhme/Böhme in ihrer Studie über „Das

Andere der Vernunft" kulturgeschichtlich veranschaulicht haben. Die strenge und reflektierte Erkenntnismethode setzt nicht nur die Disziplinierung des eigenen Leibes voraus, welcher zum nur ausgedehnten Körperding wird, der den Geist nicht behindern soll. Sie setzt auch voraus, dass man nicht mehr zuerst von den Phänomenen und Erscheinungen ausgeht, die Erfahrungen bewirken. Vielmehr werden diese neben- und untergeordnet – zum reinen Material für die ordnende Verstandestätigkeit.

Metaphysische wie mythische Theorien der Welt sind seitdem nur noch an den Rändern akzeptabel und gelten als spirituelle Gedankengeflechte oder künstlerische Spekulationen ohne ähnlich philosophische Evidenz wie die kantische Epistemologie. Kant ist sich so sicher, dass er sich über Geisterseher und falsche Propheten lustig machen kann. Die alte Symphonie von Mikro- und Makrokosmos, Welt und Mensch verstummt. Erhabenheit ist nur noch ein inneres Gefühl, nicht mehr eine Antwort auf das Dasein von Welt. Die Responsivität wird durch die Verherrlichung der Innerlichkeit überflüssig.

Wie kommt es zu diesen Festlegungen? Warum kann die Kritik der reinen Vernunft zu ihrem Siegeszug gegen alle Erkenntnisreflexion ansetzen, der zugleich eine Vernichtung anderer Theoriegebäude ist? Ein Grund ist sicherlich die Beherrschbarkeit. Die Vergegenständlichung der Welt macht es möglich, über diese Gegenstände zu verfügen und sie in den Griff zu bekommen. Die Begriffe sind das Fundament der Technik, welche sich die Welt so umgestaltet, dass man sie verstehen kann. Die Vergegenständlichungen kann man begreifen, weil man sie selbst hergestellt hat. Das Feld dieses technisch Gemachten ist nicht fremd, sondern selbstgemacht. Gegenstände rücken damit in den Umkreis von Artefakten: Man versteht das am besten, was man selbst gemacht hat, bedeutet dann: Man soll *nur* das verstehen, was anthropomorph, d. h. menschenähnlich und menschengemacht, ist. Erkenntnistheoretisch wird so über die Geschichte das Anthropozän fundiert. Anders gesagt: Mittels der Erkenntnistheorie kann die menschliche Vormachtstellung legitimiert werden. Sie wird auf diese hingeschrieben und in diese eingeschrieben, sodass sich die Logik danach zu richten hat.

All das lässt sich gut im System des Verstandes mit seinen Regeln und Kategorien erklären, der gewissermaßen wie jedes Weltensystem funktioniert und Gegenstandsklumpen herstellen kann, die dann irgendwie auf eine nicht zugängliche, nicht beschreib- und verstehbare Wirklichkeit passen. Und was nicht passt,

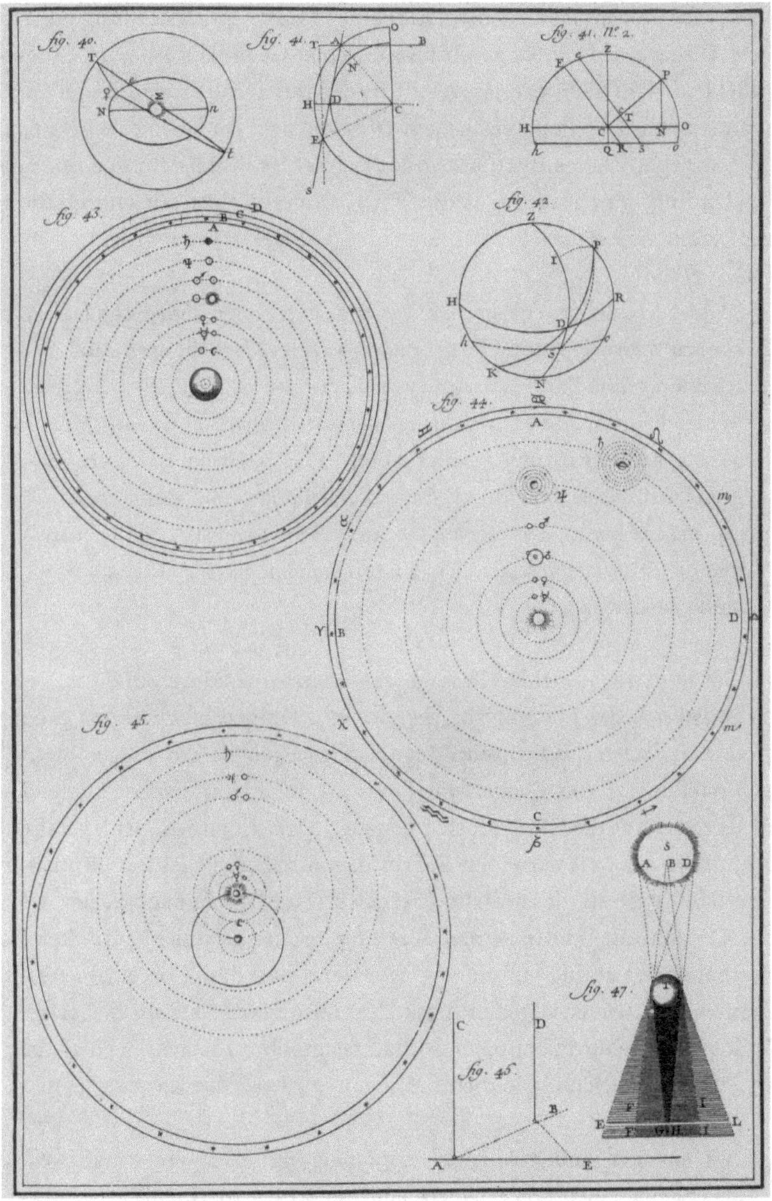

Abbildung 2: „Astronomie“. Darstellungen des Sonnensystems aus: D. Diderot und J. B. D’Alembert, Encyclopedie des Sciences, des Arts et des Metiers, 1751–1781.

wird passend gemacht. Die Problematik dieser Konstruktionsleistung wird jedoch in ihrem Umfang am zentralen philosophischen Gedanken im alten Sinne deutlich, mit dem Kant sich, eher versteckt in der transzendentalen Elementarlehre, auseinandersetzt: Der Frage nach dem Ding an sich. Im Grunde wird der Ding-Begriff nur negativ eingeführt, als, so bezeichnen es Böhme/Böhme mit Fug und Recht, „Unding". Für Kant ist es die Unbekannte in einer Gleichung, die gelöst werden könnte, wenn man die richtige Formel dazu kennen würde.

> „Alle Vorstellungen haben, als Vorstellungen, ihren Gegenstand, und können selbst wiederum Gegenstände anderer Vorstellungen sein. Erscheinungen sind die einzigen Gegenstände, die uns unmittelbar gegeben werden können, und das, was sich darin unmittelbar auf den Gegenstand bezieht, heißt Anschauung. Nun sind aber diese Erscheinungen nicht Dinge an sich selbst, sondern selbst nur Vorstellungen, die wiederum ihren Gegenstand haben, der also von uns nicht mehr angeschaut werden kann, und daher der nichtempirische, d. i. transzendentale Gegenstand = X genannt werden mag."[1]

Kant spielt in dieser zentralen Passage den Solipsismus durch und erledigt in einem Handstreich die Metaphysik, die sich mit Dingen beschäftigen möchte im Glauben, diese seien die wahren Dinge, wohingegen sie nur eingebildete Dinge sind, Vorstellungen von Dingen im Bewusstsein. Ein transzendentaler Gegenstand, als den Kant das Ding an sich genauer bezeichnen will, ist irgendwie vorhanden, und zwar weil wir einen Begriff davon haben. Er ist jedoch nicht näher bestimmbar. Es ist an dieser Stelle überaus erstaunlich zu beobachten, wie Kant dieses „X" umkreist und in seinen Text hineinschreibt, um empirischen Begriffen überhaupt Beziehung auf einen Gegenstand und damit objektive Realität zu verschaffen, und wie er zugleich diese Umkreisung, die ja zum bisherigen Kern der Philosophie gehörte, beinahe als Phantasterei brandmarkt, weil sie in dieser mathematischen Gleichung keinen Lösungsweg entwickeln kann.

> „Da nun diese Einheit als a priori notwendig angesehen werden muß (weil die Erkenntnis sonst ohne Gegenstand sein würde), so wird die Beziehung

1 KrV, a. a. O., S. 169 (A 109–110).

> auf einen transzendentalen Gegenstand, d. i. die objektive Realität unserer empirischen Erkenntnis, auf dem transzendentalen Gesetze beruhen, daß alle Erscheinungen, so fern uns dadurch Gegenstände gegeben werden sollen, unter Regeln a priori der synthetischen Einheit derselben stehen müssen; nach welchen ihr Verhältnis in der empirischen Anschauung allein möglich ist, d. i. daß sie eben sowohl in der Erfahrung unter Bedingungen der notwendigen Einheit der Apperzeption, als in der bloßen Anschauung unter den formalen Bedingungen des Raumes und der Zeit stehen müssen, ja daß durch jene jede Erkenntnis allererst möglich werde."[2]

Zuerst einmal muss festgehalten werden, dass der transzendentale Gegenstand bzw. das „Ding an sich" ein völlig merkwürdiges und rätselhaftes Phänomen in der Kritik der reinen Vernunft darstellt. Logisch mag es erscheinen, dass Kant sich mit einer vom Subjekt unabhängigen Wirklichkeit auseinandersetzen muss, da dies zu den Grundfragen der Philosophie gehört und notwendigerweise auf die Grenzen menschlicher Vernunft verweist. Was die Dinge an sich sind, wüsste nur ein Gott, der diese geschaffen hat.

Das Ding – *res* – ist ein Begriff aus der alten, vorkritischen Philosophie. Das *orbis sensualium pictus* von Comenius stellt solche archetypischen Dinge vor, die benannt werden können. Dinge haben einen Namen, der auf ihr Sein deutet. Die Luft ist die Luft; das Vieh das Vieh. Selbst ein Einhorn kann in diesem Kosmos tatsächlich vorhanden sein, weil wir seinen Namen kennen. Jegliches postmoderne Denken und jeder strukturalistische Verdacht ist hier fehl am Platz. Von Dingen können wir nur reden, wenn wir an deren Vorhandensein glauben und die Realität als Sammelsurium von Dingen betrachten, die vorhanden sind und die *für sich* einen Sinn haben. Realismus und Nominalismus sind aus heutiger Sicht hier völlig verdreht: Realistisch ist die Akzeptanz der Namen, während linguistisch die Realität der Dingphänomene ist.

Die heutige Wortbedeutung von „Ding" birgt einige Schwierigkeiten, da Dinge dem Sprachgefühl nach nichts Lebendiges sind, sondern etwas Lebloses, Totes bezeichnen. Ein Tisch ist ein Ding, aber nicht eine Katze. Dinge können von Menschen gemachte Artefakte sein, aber nicht die Menschen selbst. Auch Naturphänomene wie Luft oder Wolken lassen sich schlecht als Dinge bezeichnen,

2 Ebd., S. 169 (A 110).

wohingegen ein Blatt oder ein Grashalm als Naturding wahrgenommen werden kann. Ist der Mond ein Ding? Die Sonne? Wir sprechen von den Dingen des Universums, würden die Erde aber nicht als Ding sehen.

Der Dingbegriff hat keine klare Kontur und keine Definitionsmacht, da er vage ist und Auslegungssache bleibt. Germ. **þenga*, ahd. *thing*, mhd. *dinc* bedeutet Volks- und Gerichtsversammlung.[3] Es kann vermutet werden, dass Kant diesen Zusammenhang des älteren Dingbegriffs andeuten wollte oder dass er diesen mitgedacht hat. Ansonsten hätte er von einem Objekt gesprochen. Ein Objekt liegt in der Verfügungsgewalt des Subjekts. Subjekt und Objekt können nur dialektisch zusammengedacht werden. Ein Ding existiert demgegenüber für sich, in Kants Terminologie an sich.

Mit dem Grenzbegriff des Dings an sich ist also eine Verdinglichung der Welt gemeint, die letztlich deren Fremdheit gar nicht mehr akzeptieren muss, außer in den Spekulationen der Erkenntnistheorie, welche die letzten Möglichkeiten durchspielt, ohne dass dieses Gedankenspiel Konsequenzen haben müsste. Denn das Ding an sich ist zwar vorhanden; man muss es sogar denken können, sonst wäre Erkenntnis sinnlos. Aber sein Vorhandensein kann nicht näher erschlossen werden. Wir könnten Dinge zwar ertasten und so ihre Konturen anschaulich erfahren oder ihre Beschaffenheit an der Hautoberfläche erspüren. Aber all diese erfahrenen Eigenschaften, Größe und Ausdehnung, Wärme und Kälte, Härte bzw. Weichheit, Nässe vs. Trockenheit u. dgl. sind nur sekundär, können täuschen und führen nicht zur eigentlichen Erkenntnis der Gegenstände, die Menschen auf unterschiedlichste Weise begegnen.

Die Katze, welche sich schnurrend am Bein reibt, die Schnecke, welche ihre schleimige Spur hinterlässt, die Brennnessel, welche Hautirritationen hervorruft – all diese Dinge spüren wir zwar irgendwie, aber wir wissen nichts über sie, außer was die Spekulationen unserer Einbildungskraft unseren Erfahrungen vorschreiben möchten. Die Wahrheit liegt unter diesem Schleier der Erscheinungen verborgen. Wie die Blumen nicht schön sind, um den Menschen zu erfreuen, sondern um bestäubt zu werden, so täuschen wir uns in allen Dingen,

3 Vgl. Bruno Latour: Das Parlament der Dinge. Für eine politische Ökologie. Original: Polititiques de la nature 1999. Frankfurt am Main 2010; Käte Meyer-Drawe: Der Einspruch der Dinge. In: K. Meyer-Drawe: Diskurse des Lernens. München 2008, S. 159–183.

wenn wir ihnen eine eigene Welt unterschieben, die im Grunde unsere Welt ist. In Kants philosophischen Weltgebäude wissen wir zwar, dass Dinge vorhanden sind, aber sie haben uns nichts zu sagen und wir haben keine Möglichkeit, uns die Dinge, so wie sie uns erscheinen, auch vorzustellen, ohne sofort einzugestehen, dass es nur Vorstellungen und niemals Dinge sind, von denen wir Kenntnis haben können.

Die Phänomenologie hat angedeutet, dass diese Ordnung der Welt ihren Preis hat und dass Erfahrungen damit verloren gehen oder zumindest nicht in die Erkenntnistheorie eingehen. Doch auch die Phänomenologie bleibt dem reinen Bewusstsein verhaftet und definiert damit das Sein dieser Erfahrungen als etwas zum lebendig-körperlichen Sein Differentes. Die Schwierigkeit des Begriffs „Bewusst-sein" macht dies deutlich: Es ist ein Sein, das mit dem Wissen verbunden wird und im Nominalismus bleibt, aber nicht verbal gefasst werden kann. Man kann sich etwas bewusst werden, aber das Bewusst-sein blendet dieses Werden nach Möglichkeit aus.

Es wird somit plausibel, das Objekt des Erkennens als einen Gegenstand zu definieren, der dem Erkennenden gegenüber steht und zum Stehen gebracht werden kann. Die gesamte Metaphorik dieser Reflexion des Erkennens versucht Bewegung und Werden auszublenden: Die Vorstellung eines Gegenstandes führt diesen nicht nur vor und platziert ihn vor den Augen der Vernunft. Sie weist ihm einen spezifischen Platz im Erkenntnisraum zu. So entstehen plötzlich vor dem geistigen Auge der philosophischen Erkenntnistheorie Gegenstände der Erfahrung, wohingegen vorher Erfahrungen waren, die möglicherweise auch auf Dinge bezogen sind. Ebenso wird eine andere Seite der Vernunft generiert, die möglicherweise erfahrbar, aber nicht vernünftig erkennbar ist. Das Kant'sche Ding an sich ist und bleibt aber ein *Ding*, irgendwie also doch eine Art Gegenstand, nur dass dieser Gegenstand jenseits der Möglichkeiten der Gegenstände der Erfahrung liegt und anderen Bedingungen unterliegt als die Vorstellungstätigkeit. Denn irgendwie müssen diese an sich seienden Dinge ja vorhanden sein, irgendwie könnten wir sie auch spüren oder ihre Anwesenheit vermuten. Aber ihre Erfahrung widerspricht der klar bestimmbaren Gestalt einer Vorstellung. Dinge an sich lassen sich nicht einfach vom Menschen erkennen: Sie sind, was sie sind. Aber warum müssen es Dinge sein und nicht Lebewesen? Ein Lebewesen, dem man wie auch immer Intentionalität und eine Art Beseelung zuschreibt, wäre dem Menschen viel mehr entzogen als ein materielles unbelebtes Ding, über das man verfügen kann. Den Stein kann man in die Hand nehmen, den Krug kann man zu etwas gebrauchen. Eine Katze hat dagegen viel mehr Eigenleben, außer man betrachtet sie auch wie ein Ding und verdinglicht das Lebendige damit.

Die Mathematisierung der Erkenntnistheorie nach dem Modell der Physik kann somit zwar vieles in eine beherrschbare Sprache übersetzen und die Erkenntnis verständlich machen nach den Bedingungen der postulierten Funktionsweise des Verstandes. Diese Modellierung kostet aber Opfer. Sie macht Weltbereiche durchaus sehr gut erklärbar, in denen Gegenstände konstruiert werden können, die man dann erkennen und in Wissen einschließen kann. In anderen Dimensionen schaffen diese Vergegenständlichungen aber erstens ethische Folgeprobleme – die daraus resultieren, dass Erscheinungen nicht so gelassen werden, wie sie von sich aus erscheinen, sondern zu Dingen gemacht werden, wie sie für uns Menschen erscheinen. Zweitens werden Wahrnehmungen in jenem System interpretiert und obwohl sie sich nicht einfach vergegenständlichen lassen, werden Erfahrungen damit so im Verstand konstruiert, *als ob* es sich um dieselben Dinge handle. Die Phantasie der Verstandestätigkeit tappt dann in die Falle der reinen Vernunft, die Kant ja durch seine Kritik in ihre Grenzen verweisen wollte.

5 Grenzbereiche der Vergegenständlichung

Die Vergegenständlichung von Eindrücken der Sinne hat zwar das Potenzial, Erkenntnis zu analysieren und in seiner Genese nachvollziehbar zu machen, allerdings nur in einem naturwissenschaftlich geprägten Umfeld, welches die Materie als unbelebt voraussetzt. Nur so kann das Ding quasi wie ein Klumpen Materie erkennbar gemacht werden. Sein kann man nicht machen; man kann sich nur darauf einlassen. Die Einschränkungen der Bedingungen des Erkennens zeigen sich an Erfahrungen, die sich nur ungenau und verschwommen zu Gegenständen formieren lassen, in diesem Bemühen um exakte Erkenntnis aber an Kontur verlieren. Ebenso wird das Erkennen ungenau, wenn es sich nur auf vergegenständlichbare Erfahrungen bezieht bzw. anderes aus dem Erkenntnisprozess ausblendet, was nicht in eine materie- und objektbezogene Struktur der Wahrnehmung passt.

5.1 Flüssigkeiten und Gase

Flüssigkeiten wie Wasser sind als Gegenstand denkbar und stellen auf den ersten Blick die Erkenntnisreflexion vor keine allzu großen Probleme. Schwieriger wird es schon, wenn man die Gestalt von Wasser als Gegenstand beschreiben möchte: Warum hat Wasser nur eine Oberfläche und nicht auch einen Boden beziehungsweise eine Unterseite wie etwa ein Blatt? Die Oberfläche des Wassers nehmen wir unserer Erfahrung nach wahr als Grenze zum Luftraum, in dem wir atmen können. Die Vergegenständlichung dieser Erfahrung passt aber nicht zu dem Eindruck, dass man in Wasser eintauchen kann. Immer entzieht sich das Phänomen einer festen Gestaltbildung, die ja gerade zum Wesen eines Dinges im Sinne eines Gegenstandes gehören müsste. Der Übergang zum Tropfen bereitet darum dem Erkennen Schwierigkeiten. Ist ein Tropfen ein klar umschriebenes Ding, so ist seine Bildung aus dem Gegenstand Wasser schon schwerer wahrnehmbar, und man ist geneigt, Wasser als Summe von Wassertropfen zu bestimmen, wie man gewohnt ist, Gegenstände aus ihren Teilen auseinander- und zusammensetzen zu können. Und wenn man einen Schluck Wasser trinkt, so kann man schwerlich bestimmen, wann dieser Schluck in den Körper übergeht und ob sich dieses Ding überhaupt unterscheidet vom Körper, der ja zu einem großen Teil aus Wasser besteht.

Wir können nach Kants Erkenntnistheorie sehr gut einzelne Gegenstände als in Raum und Zeit stehend begreifen, indem wir unseren Erfahrungen bestimmte Kategorien einschreiben. Aber wir erfahren nicht mehr über die „tatsächliche" Welt, sondern nur etwas über unsere Vorstellungen und deren Bedingungen. Diese geraten gerade im Alltäglichen schnell an ihre Grenzen, wenn es sich nicht mehr um anscheinend so klar konturierte Objekte handelt, wie sie als physikalische Körper auf den Spiegeln von Teleskopen abgebildet werden. Wie die Physik der Flüssigkeiten ein noch relativ junges Forschungsgebiet ist, so müsste auch die Frage nach dem Sinn von Vergegenständlichungen genauer gestellt werden, wenn es Objekte gibt, die nicht einfach dem Erkenntnissubjekt gegenüberstehen bzw. gegenübergestellt werden können. Auch der Rekurs auf Teilchenmodelle ist hier keine Lösung; im Gegenteil kann dieses Modell zu Fehlurteilen führen, wenn man Elementarteilchen oder Atome als eine Art Gegenstände betrachtet, die man ebenso erkennen könnte wie einen fallenden Apfel. Die theoretische Annahme eines Dings an sich hinter den Erscheinungen des Wasserphänomens verstellt dabei die intensivere

Auseinandersetzung mit der Existenzform von Flüssigkeiten, die eben keine Dinge sind, mit denen man hantieren könnte, sondern Zustände im Werden, das den Menschen betreffen kann.

5.2 Lebewesen

Die Verdinglichung des Lebendigen gehört zu den „klassischen" Themen der Kritik an den Machbarkeits- und Beherrschbarkeitsphantasien, die mit der Autonomiephilosophie der Aufklärung verbunden sind. Denn die Freiheit wird ausgebreitet als menschliche Freiheit, als Privileg, das den Menschen berechtigt, sich die Welt und ihre Bewohner zu seinen Untertanen zu machen. Man erkennt im Lebewesen das, was man braucht und was man ihm zugestehen will. Anderes wird als nicht verständlich abgetan beziehungsweise in das Feld nicht durch die Erkenntnisreflexion belegbarer Spekulation abgetan. Das Tier als Gegenstand kann keine Gefühle haben wie ein Mensch, der sich vom Gegenständlichen durch seinen Geist und seine Emotionalität unterscheidet. Eine Pflanze ist ein Ding, das in der Welt verwurzelt ist, aber nicht agieren kann. Es ist, wie bereits erwähnt, wenig verwunderlich, dass das Lebendige in Kants Philosophie keine tragende Rolle spielt und als Rätsel bestimmt wird, das ungemein schwerer zur lösen ist als die Genese des Universums zu erklären. Lebendiges lässt sich nämlich nicht einfach ohne Gewalt vergegenständlichen. Es ist vielmehr ein Gegenüber, das uns anspricht, weil wir selbst Lebendige sind.

Der Paradigmenwechsel in der Biologie, nicht mehr die Gestalten zu erforschen, zu beschreiben und zu klassifizieren, sondern Molekülreaktionen als das Ursprüngliche zu sehen und die Nukleinsäuren der DNA als Polynukleoid, d. i. als Kette von vielen Nukleoiden, als das Elementare lebendiger Prozesse anzunehmen, hat immens zum Fortschritt im biologischen Wissen beigetragen. Aber er fundiert unbefragt auf der These des Vorrangs des Anorganischen, die maßgeblich gestützt wird durch Kants Erkenntnistheorie und deren Vergegenständlichungen. Es mag überzeugen, dass ein Anthropomorphismus zur Kritik steht, der Lebensformen nur aus menschlicher Perspektive sehen möchte. Umgekehrt steht aber auch eine physikalisch dominierte Sichtweise zur Kritik, wenn diese sich selbst absolut setzt und Tieren und Pflanzen keine Kulturformen zugestehen kann, da nur die menschlichen Erfahrungen vernünftig zu bearbeiten sind. Damit kann aber nicht geklärt werden, warum nur der Mensch als Lebewesen dazu in der Lage sein sollte und nicht auch ein Tier oder eine Pflanze, die schließlich auch Wahrnehmungen haben. Tiere empfinden Schmerz und Lust; Pflanzen Wärme und Kälte. Menschen mögen aufgrund der Größe ihres Gehirns ein ausgezeichnetes Lernvermögen haben und können deswegen unglaublich ausgeprägte Symbolsysteme formen, welche die Welt mit ihrem Netz überziehen. Dennoch sind wir prinzipiell nicht anders als Affen – außer man versucht neue Privilegiendiskurse zu beginnen, was aber nach den postmodernen Theoriekritiken nicht mehr ernsthaft möglich sein wird.

Nach Kants Philosophie wäre es konsequent, Tiere als Dinge an sich zu denken, deren Sein auch die Evolutionstheorie nicht restlos erklären kann. Dennoch gelten solche Versuche als Ausnahme, als Phantastereien von Tierfreunden oder bestenfalls als einfühlsam gemeinte Vermenschlichung, aber nicht als in der wissenschaftlichen Standardsicht akzeptable Annäherung. Wenn man behauptet, in Wahrheit lassen sich Prozesse des Lebendigen durch die Gesetzmäßigkeiten der Evolution erklären wie Planetenbahnen um die Sonne, so trifft man damit sicherlich einige richtige Zusammenhänge in den Gegenständen, die wir zur Natur gemacht haben. Man sieht aber leicht am Lebendigen vorbei, wenn es nur als Spiel von Nukleoiden betrachtet wird, die sich zufällig zu Gestalten und Lebensformen zusammenballen, ohne eine eigene Intentionalität zu haben, welche zu diesen Gestalten führt. Dies erklärt nämlich nicht, warum diese Gegenstände ihre Form und Gestalt bewahren, also warum Molekülketten sich reproduzieren möchten und sich nicht in die Ruhe der elementaren Gestaltlosigkeit auflösen.

Es geht hier nicht um ein Plädoyer für eine romantische Naturphilosophie oder für die hermetischen Wissenschaften, welche Kongruenzbeziehungen zwischen Mikro- und Makrokosmos im menschlichen Leib aufdecken wollten.[4] Vielmehr soll daran erinnert werden, dass die Differenz zwischen organischer und anorganischer Chemie eine Wertigkeit und eine Evidenz hervorgebracht hat, welche ausschließt, das Lebendige als universales Prinzip anzunehmen, obwohl diese Hypothese ebenso wenig bewiesen ist wie die Hypothese, Leben sei eine große Ausnahme in der Unendlichkeit des Weltalles.

---

4 Als Kosmos Anthropos; vgl. dazu Böhme /Böhme a. a. O., S. 99–106.

5.3 Viren

Die Krise einer gegenstandsorientierten Erkenntnistheorie zeigt sich mit dramatischer Brisanz in der Unfähigkeit der sicheren Einordnung von Gegenständen, die uns unserer Erfahrung nach bedrohen und unter Umständen sogar töten können: den Viren. Viren sind nicht ohne Hilfsmittel wahrnehmbar. Wir können in der Alltagserfahrung nur indirekt auf ihre Existenz schließen, wenn wir uns selber krank fühlen oder wenn wir erkennen, dass andere erkrankt sind, oder wenn technische Nachweise eingesetzt werden, welche testen, ob Partikel vorhanden sind, die Viren indizieren.

Nach Kants Theorie müssten all diese Erfahrungen vergegenständlicht werden, damit daraus Vorstellungen gebildet werden können, welche zu Erkenntnissen führen. Aber bereits die Abgrenzung zu Lebensformen bzw. zu unbelebter Materie fällt bei diesen Gegenständen schwer. So unterstellt man zwar den Viren, dass sie ein eigenes Interesse haben, sich zu vermehren und sich in ihren Mutationen evolutionäre Vorteile zu verschaffen. Jedoch passen die Reproduktionsstrategien nicht so recht ins Bild des Lebendigen. Es ist kein entsprechender Stoffwechsel wahrnehmbar, sodass diese Partikel *meist* nicht zu den Lebewesen gezählt werden, obwohl nicht weiter hinterfragt wird, ob sie auf Wirtszellen angewiesen sind.

Viren erscheinen so als Dinge, die in Partikelform außerhalb des menschlichen Körpers vorhanden sind und diesen, wenn er mit ihnen in Kontakt kommt, infizieren. Krank wird der Körper, wenn er diese Gegenstände nicht abwehren und besiegen kann. Die Allegorie einer Belagerung durch feindliche Truppen, wie etwa bei der mittelalterlichen Belagerung einer Burg, liegt hierbei auf der Hand. Aber die Erfahrung ist eine andere. Man spürt erst später, dass man „angegriffen“ wurde. Man ist erst krank, wenn die Abwehrschlacht im Grunde bereits verloren wurde und man seine Burg zurück erobern muss. Und auch die Virologie kann die Vorstellung unabhängiger Partikel nicht bestätigen, sondern geht davon aus, dass Viren als Nukleinsäure in den Zellen des Wirtes selbst vorkommen oder als Viron aus den Zellen des Wirtes ausgeschleust werden und sich so auf andere Wirte verbreiten können.

Nimmt man versuchsweise an, Viren sind keine gegenstandsförmigen Partikel, die andere Lebewesen befallen, sondern Zustände in den Lebewesen selbst, die angesprochen und aktiviert werden können, so ergibt sich auch ein anderes Bild des Lebendigen, das eben nicht aus einer Vielzahl an klar unterscheidbaren

Gegenständen besteht, sondern aus unterschiedlichen Erscheinungsformen, die sich verändern, das heißt mutieren können. Viren tragen in dieser Sicht nicht zum Aussterben von Lebensformen, sondern zu Veränderungen bei, die genuin in den Lebensformen angelegt sind.

Abbildung 3: Hallim. Rhizom.jpg Copyright Thomas Pruß

In diese Richtung geht die Theorie des Rhizoms von Deleuze und Guattari. Sie gehen nicht von der nur oberflächlichen gegenständlichen Gestalt eines Baums der Erkenntnis aus, sondern thematisieren die reich verzweigten, unterirdischen Verbindungen. Dabei können Plateaus wahrgenommen werden als eine Vielheit, „die mit anderen durch an der Oberfläche verlaufende unterirdische Stengel verbunden werden kann, so daß sich ein Rhizom bildet“[5]. Viren formen den Menschen evolutionär: „Wir entwickeln uns eher durch polymorphe und rhizomatische Grippen

[5] Gilles Deleuze & Félix Guattari: Tausend Plateaus. Kapitalismus und Schizophrenie (Original 1972). 6. Auflage. Berlin 1997, S. 37.

und sterben an ihnen als an Erbkrankheiten oder solchen, die ihre eigene Genealogie haben. Das Rhizom dagegen ist eine Anti-Genealogie."[6] Viren verknüpfen also nicht nur Menschen mit einer nicht menschlichen Umwelt und tragen zur evolutionären Formung bei.[7] Sie verschieben die Grenze zwischen Organischem und Anorganischem, ihre erst spät wahrgenommene Existenz zeigt die Vielheit von Verbindungen im Leben und Strukturen zwischen Leben und Sein. Weitergehend müsste man fragen, ob diese Vielheit des Rhizoms an der Grenze der Atmosphäre aufhören muss bzw. warum dies so sein soll, oder ob es nicht auch denkbar ist, dass die terrestrische Atmosphäre selbst Teil eines größeren Wurzelwerkes ist, das wir nur (noch) nicht wahrnehmen.

Der Übergang zwischen belebten und unbelebten Formen wird immer weniger aussagekräftig, wenn der Blick nicht auf klar konturierte Gegenstände gerichtet ist, sondern auf Veränderungen in der Zeit. Viren sind in dieser Perspektive jenseits der klassischen Erkenntnistheorie keine Hybride zwischen Belebtem und Unbelebtem. Sie sprengen diese Unterscheidung und lenken die Aufmerksamkeit auf chemische Prozesse, die als „lebendig" oder „organisch" zu bezeichnen sind und erst in zweiter Hinsicht als unbelebt oder anorganische erscheinen. Viren sind in diesem Kontext keine Dinge (auch keine Partikel), sondern entsprechen Strukturen des Lebendigen, das sich beschleunigt in der Zeit bewegt und seine Gestalt verdichtet, verändert und Gestalten auch wieder auflösen kann.

5.4 Schwarze Löcher

Kant konnte noch nicht damit rechnen, was für unglaubliche Phänomene im Universum entdeckt wurden, welche die noch sehr mechanisch ausgerichtete Astronomie Newtons vor unlösbare Probleme stellte. Ebenso kann die traditionelle Erkenntnistheorie diese kaum fassbar machen, da nicht nur die Verstandeskategorien ihre Gültigkeit verlieren, sondern sogar Raum und Zeit als fundamentale Kategorien der Wahrnehmung. Solche Phänomene sind damit fern unserer Vorstellungskraft und nur noch mathematische Hypothesen, jedoch keine vorstellbaren Dinge. Bildlich erfassbar ist nur noch der „Schatten" dieses Phänomens,

---

6 Gilles Deleuze & Félix Guattari: Rhizom. Berlin 1977, S. 18.

7 Maximilian Probst: Welche neue Welt blitzt da auf? In: DIE ZEIT Nr. 45/2020.

ein Indiz, nicht jedoch die Erscheinung selbst. Selbst das um die Welt gegangene Bild eines Schwarzen Loches ist kein Abbild, auch wenn es wie das Image auf einer photographischen Platte erscheint, sondern wurde von einem internationalen Team von Astronomen mittels astrophysikalischer und mathematischer Modellierungen konstruiert.[8]

Dennoch versuchen wir, solche Phänomene wie die uns bekannten und erfahrbaren Dinge zu vergegenständlichen, sodass wir uns diese wie riesige Sonnen vorstellen, in die wie in eine Art Trichter das Licht hineinfällt und aufgrund der Raumkrümmung nicht mehr aus diesem Trichter entweichen kann. So bildet sich ein „Loch" im Kontinuum des Raums des Universums, das dann, in der Fortsetzung dieser Metapher, in andere Welten und Universen hineinführen könnte. In einer solchen Singularität, wie es Stephen W. Hawking genannt hat, sind jenseits des Erfahrungshorizontes die bekannten Naturgesetze außer Kraft gesetzt.[9]

Anscheinend kommt diese Vorstellung einem Ding an sich recht nahe, welches sich nicht dem menschlichen Verstand beugen muss, sondern seine eigene Wesenheit hat, die uns nicht zugänglich ist. Aber der Dingbegriff kann dem Denken auch im Wege stehen. So wird vorausgesetzt, dass Sonnen (aus denen je nach Masse Schwarze Löcher werden können) Gegenstände sind, die entstehen und vergehen. Da uns die zeitlichen Dimensionen unvorstellbar sind, verstecken wir diese hinter Zahlen: Unsere Sonne z. B. wird noch mehrere Milliarden Jahre existieren, bevor das atomare Feuer erlöschen wird. Ist es jedoch sinnvoll, die Sonne als ein Ding zu sehen, obwohl sie von ganz anderer Statur ist als alle irdischen Dinge? Ebenso gut könnte man von Energieballungen ausgehen, die letztendlich alle Existenz hervorbringen. Diese würden dann auch nicht einfach verschwinden (wenn ein „Sonnending" wie ein welkes Blatt vom Baum fällt oder wenn dem „Ofen" der Brennstoff ausgeht), sondern sie bringen selbst wieder neue Existenzen hervor, wenn sie das Zentrum von Galaxien bilden. Warum sollte also das Sein von Sonnensystemen und Sternansammlungen von ganz anderer Struktur sein als das terrestrische Sein des Lebens?

---

[8] Siehe dazu Heino Falcke: Licht im Dunkeln. Schwarze Löcher, das Universum und wir. Stuttgart 2020.

[9] Stephen W. Hawking: Eine kurze Geschichte der Zeit die Suche nach der Urkraft des Universums. Original: A Brief History of Time 1988. Reinbek bei Hamburg 1989.

Schwarze Löcher werden in dieser Sicht zu einem weiteren Prüfstein der kulturell vorgezeichneten Vergegenständlichungen von Menschen und Anderem. Wir wissen nur von ihnen, weil wir bestimmte Wahrnehmungen berechnen, die wir durch astronomische Instrumente erhalten, auch wenn wir ansonsten keinerlei Erfahrungen haben, aus denen wir Vorstellungen konstruieren können. So werden Vorstellungen bestenfalls plausibel oder falsifizierbar, aber sie legen Daten auf der anderen Seite so fest, dass im Grunde keine anderen oder neuen Vergegenständlichungen möglich sind, selbst wenn es neue Erfahrungen geben sollte, welche einen Paradigmenwechsel notwendig machen. Zumindest wäre es sinnvoll, andere Begriffe für solche Erscheinungen zu finden, da die Vorstellung, ein „Loch" halte unsere Galaxie zusammen, beinahe ebenso aberwitzig ist wie die Annahme eines „großen Knalls" als Anfang des uns bekannten Universums.[10]

5.5 Personen

Die Vergegenständlichung des Lebens und damit einhergehend die Umkehrung der Perspektive weg vom Lebendigen hat eine Distanz auf Körper schaffen können, welche diese als mechanische Dinge betrachtbar macht, die in ihre Einzelteile zerlegt und repariert werden können, wenn sie nicht mehr funktionieren. Der immense medizinische Fortschritt und in gewissem Sinne auch die biologische Psychologie ist ein maßgebendes Ergebnis dieser Sichtweise. Allerdings hat die Reduzierung auf Funktionen und Muster auch die Intentionalität derjenigen Lebensformen ausgeblendet, die in den Blick fallen sollen. Wenn andere

[10] War „Big bang" zuerst eine ironische Umschreibung der plötzlichen Expansion des Universums, gilt die zugrundeliegende Theorie heute als kosmologisches Standardmodell der Entstehung von Materie, Raum und Zeit aus einer ursprünglichen Singularität. „Als Begründer der Urknalltheorie gilt der belgische Theologe und Physiker Georges Lemaître, der 1931 für den heißen Anfangszustand des Universums die Ausdrücke ‚primordiales Atom' oder ‚Uratom', später auch ‚kosmisches Ei' verwendete. Die englische Bezeichnung Big Bang (wörtlich ‚Großer Knall') wurde von Fred Hoyle geprägt. Hoyle vertrat die Steady-State-Theorie und wollte mit der Wortwahl Big Bang das Bild eines expandierenden Universums, das scheinbar aus dem Nichts entsteht, unglaubwürdig erscheinen lassen. Die Steady-State-Theorie verlor in den 1960er Jahren an Zustimmung, als die Urknalltheorie durch astronomische Beobachtungen zunehmend bestätigt wurde." (https://de.wikipedia.org/wiki/Urknall; abgerufen am 21.06.2021).

nicht mehr als Personen anerkannt werden, die in der Welt begegnen und sich in ihrer Welt aufhalten, so übersieht man schnell, welcher Sinn in ihren Existenzen entstehen.

Die Existenzphilosophie und die Phänomenologie haben diese „Löcher" im Gewebe des Daseins kritisch bestimmt, indem sie die nichtgegenständlichen Erfahrungen von Stimmungen wie Angst und Langeweile als existenziell hervorgehoben haben.[11] Mehr noch müsste aber auch thematisiert werden, was es bedeutet, anderen zu begegnen und mit anderen zusammen zu leben. Mitmenschlichkeit ist nicht eine Summe von Gegenständen, die Emotionen haben und aufeinander nach vorgegebenen Gesetzmäßigkeiten reagieren. Sie ist immer auch eine Antwort auf das Sein menschlichen Lebens, das uns selbst in unserem Dasein angeht und dem wir auch in der Abstraktion von Subjektivität nicht entfliehen können. Der Begriff „Person", abgeleitet von *persona*, „Maske", ist in dieser Perspektive bereits missverständlich, da an ein Ding gebunden, durch das die Person zwar hindurchspricht, das aber ein Ding bleibt, das gebraucht und bei Bedarf abgelegt werden kann, sodass das „echte" Ich nur erscheint in der Differenz zum Ding einer Maske.

Kann man also den anderen nicht erkennen? Oder warum ist die Erfahrung von Mitmenschlichkeit so ganz anders als die Erfahrung bei der Beobachtung von Naturphänomenen? Weiter gewendet, kann man auch an diesen „Löchern" die Intention der Kant'schen Erkenntnistheorie wahrnehmen, die vereinzelte Subjekte stärken möchte, aber soziale Gebilde aus dem Denken ausklammert. Moral erscheint in diesem Sinne als eine vernünftige Angelegenheit autonomer Einzelner und nicht länger als gesittete Lebensform. Man kann darüber urteilen, sie aber nicht erfahren. Das gute Leben wird ebenso wie das glückliche Leben aus der Erkenntnisreflexion ausgeschlossen.

Sicherlich mag es schwerer sein, einen anderen Menschen zu erkennen als den chemischen Prozess der Verbrennung – vielleicht ist es sogar unmöglich. Aber die Erfahrungen, die sich auf die Sozialität beziehen und vorrangig in dieser verortet sind, dürfen deswegen nicht als etwas Nebensächliches abgetan werden, will man nicht eine Gesellschaft konstruieren, die Wissenschaft und Technik bestmöglich ausnutzt, aber kaum noch Verständigung zwischen Menschen möglich macht.

[11] Vgl. dazu auch Maurice Merleau-Ponty: Das Sichtbare und das Unsichtbare. Gefolgt von Arbeitsnotizen. München 1986.

Eine Ethik nach Kant muss daher sowohl die Grenzen der Vergegenständlichungen thematisieren, und zwar als Kritik an dem modernen Machbarkeitswahn, als auch die Besonderheiten sozialer Erfahrungen berücksichtigen, selbst wenn diese nicht sofort zu klaren Vorstellungen vergegenständlicht werden können. Personen sind keine Dinge; auch der Grenzbegriff des Dings an sich ist in diesem Feld nicht anwendbar. Sie können nicht konstruiert werden, sondern man kann ihnen nur begegnen, ihre körperliche Anwesenheit erfahren und versuchen, sie in einem Dialog zu verstehen, in dem sowohl der andere als auch man selbst erkannt werden. Dem Leitspruch „Erkenne dich selbst" zu folgen, wird schließlich auch in der philosophischen Lebensform erst virulent, wenn man sich mit anderen auseinandersetzt. In einer Welt isolierter Subjekte wäre dies nicht notwendig. Auch die platonische Bildung beginnt mit einem Befreier, welcher einen Einzelnen aus der Höhle ans Licht führt.

Person ist man also nicht als Gegenstand, dem bestimmte Eigenschaften zugeschrieben werden – auch nicht im Sinne einer juristischen Person. Man *ist* Person als Existenz unter anderen Personen. Selbsterkenntnis (*gnothi seauton*) und (Selbst-)Kultivierung hängen unmittelbar zusammen. Foucault ist jedoch insofern zu widersprechen, als er in seiner Hermeneutik des Subjekts jenes „Selbst" in den Vordergrund gestellt und die Kultivierung als soziale Lebensformen eher kritische beargwöhnt hat.[12] Die Reflexion der Kultivierung von Lebensformen verliert an Potenzialität, wenn diese nicht aus der Kant'schen Erkenntnisreflexion gelöst werden kann. Foucault hat seine Kantkritik zwar radikal in die Kritik der Disziplinarmacht geführt. Aber er hat die Erkenntnistheorie nicht weitergedacht, wie auch die Postmoderne das Erkennen als Destruktion verstanden hat, statt als projizierende Reflexion auf das Bild, das man von sich gemacht hat. Zu erkennen, *was* man ist, geht bereits in diese gegenständliche Richtung, als ob man ein Ding wäre, das sich selbst erkennen kann. Auch Foucaults Plädoyer für die Selbstkultivierung, zu dem zu *werden*, was man ist, übergeht dieses Problem der Unmöglichkeit einer Erfahrung seiner selbst, die nicht ebenso auch eine Welterfahrung und Weltwahrnehmung wäre, als Sein, das sich selbst und Welt in seinem Dasein erfährt.

---

[12] Michel Foucault: Hermeneutik des Subjekts. Vorlesung am Collège de France (1981/82). Original: L'herméneutique du sujet 2001. Frankfurt am Main 2004.

5.6 Selbsterkenntnis

„Erkenne dich selbst!" ist eines der bedeutenden Motive der Philosophie und zeigt eine Intention dieses eigenwilligen Nachdenkens an, die zu ihren Ursprüngen gehört. Welterschließung ist im Grunde eine Form der Selbstvergewisserung. Und diese genügt sich nicht, sondern stellt Forderungen und Ansprüche. Man soll erkennen, was das eigentliche Selbst ist, diesem entsprechen, nicht länger einem nur vorgetäuschten Selbst, das als man-selbst auftritt und in der Welt der vorstellbaren Gegenstände und Dinge aufgeht, die aber ebenso wie dieses man-selbst nur Ab- und Trugbilder sind. Diese Erkenntnis führt zur radikalen Wendung des bisher gewohnten Lebens, wie dies in Platons Höhlengleichnis als Bildung beschrieben worden ist. Bildung setzt die Abkehr von allem Gewohnten und Vertrauten voraus. Erst nach dieser Umwendung des Blickes (griechisch: *periagoge*), kann eine neue Ordnung entdeckt werden, die der wahren Ordnung entspricht. „Bildung ist nicht ein höherer Stand des Lebensvollzugs, nicht Urbanität einer Reflexionskultur, sie ist entscheidend eine Wandlung des menschlichen Wesens, eine Metamorphose des Daseins."[13] Erst in dieser Wendung kann man zu dem werden, der man ist. Zu dem zu werden, der man in Wahrheit ist, heißt, ein anderer werden, auch wenn man der gleiche bleibt.

All diese Drehungen, zu der auch die kopernikanische gezählt werden kann, umschreiben Erfahrungen, die aber von gänzlich anderer Struktur sind als die Erfahrungen, die Kant als Grundlage des Erkenntnisprozesses annahm. Denn sie lassen sich weder vergegenständlichen, noch ist es sinnvoll in diesem Zusammenhang irgendwie von Dingen auszugehen. Niemand würde behaupten wollen, solche Erfahrungen der *periagoge* spiegeln sich in Gegenständen wider oder das Selbst wäre gar eine Art „Ding".[14] Als Ding an sich könnte es als freies gelassen

---

[13] Eugen Fink: Metaphysik der Erziehung im Weltverständnis von Plato und Aristoteles. Frankfurt am Main 1970, S. 66. Zum Bildungsbegriff siehe Andreas Dörpinghaus, Andreas Poenitsch & Lothar Wigger: Einführung in die Theorie der Bildung. 5. Auflage. Darmstadt 2013.

[14] Den Wandel im sprachlichen Empfinden kann man daran ablesen, dass Comenius die Seele in seinem *orbis sensualium pictus* zu den archetypischen Dingen (*res*) zählt, deren „Benamung" ein wichtiges Element von Bildung ist (vgl. Johann Amos Comenius: Orbis sensualium pictus. Original 1658. In: Opera Omnia 17. Hrsg. von Jaromír Červenka u. a. Prag 1970).

werden, doch ist das Selbst kein Ding, das sich drehen und wenden lässt. Bereits das Verständnis der Umwendung setzt Seiten einer Medaille voraus und eine gegenständliche Körperlichkeit, die mal in die eine mal in die andere Richtung gewendet werden kann.

Jene Erfahrungen können in Dialogen verdichtet werden – so die Platonische Form – oder in Bekenntnissen – so bei Augustinus und Rousseau. Man würde hier nicht von Vergegenständlichungen sprechen, in denen sich ein Ich wie eine Art Ding formiert. Vielmehr gehört die Möglichkeit der Vergegenständlichung selbst zur Selbstvergewisserung, wie es in Descartes' *„ego cogito, ergo sum"* zum Ausdruck kommt. „Ich denke, also bin ich", ist nur eine vorläufige Übersetzung der Seinserfahrung eines Subjektes, das sich im Denken selbst zum Bewusstsein bringt und das sich selbst nicht hinterfragen kann. Dieses merkwürdige „Ich" im „ich denke", welches zugleich im „ich bin" existiert, wäre das eigentliche Phänomen, das sich nicht restlos fassen lässt und frei ist – nicht das seltsame Ding an sich, das als Ding in gewisser Weise ja bereits festgelegt ist. All das darf aber kein Grund sein, die Selbstreflexion aus der Philosophie auszuklammern, weil sie sich in der Erkenntnisreflexion nicht denken lässt. Lebendiges, das über sich nachdenkt, ist dann nicht mehr ein Sonderfall im ansonsten unbewussten Universum, sondern eine Form von Dasein unter vielen.

6 Sein und Leben

Giorgio Agamben stellt in seiner Archäologie der Ontologie fest, dass die historische Aufgabe der Verknüpfung von *zoe* und *bios*, Existenz und Essenz, existenziellem Sein und kopulativem Sein undurchführbar scheint. „‚Das, was für x Sein oder Leben war', ist jetzt nur noch nacktes Leben."[15]

[15] Giorgio Agamben: Der Gebrauch der Körper. Original: L'uso dei corpi 2014. Frankfurt am Main 2020, S. 233. Vgl. dazu Nicole C. Karafyllis: „‚Bios' stammt vom altgriechischen βίος und bedeutet Leben. Der Begriff wird in der griechischen Antike sowohl komplementär als auch in Abgrenzung zu Zoë (gr. ζωή) verwendet, wobei zoë in der attischen Zeit vorwiegend auf das physische Leben abhebt (vgl. Platon, Phaidon 105 c–d; Aristoteles, De anima), wenngleich es auf metaphysische Prinzipien und Begriffe wie Tod, Seele, Unsterblichkeit, Unendlichkeit und Ewigkeit hin bestimmt wird (vgl. z. B. Aristoteles, Met. 1072b 28; Platon, Timaios 39e–40a). Auch die Götter (bei Platon) bzw. die göttliche Vernunft (bei Aristoteles im XII. Buch der Metaphysik) haben

In eine ähnliche Richtung gingen diese Überlegungen in der Kritik der Vergegenständlichung als Grundlegung eines Erkennens, das Differenzen im Sein erzeugt und Wertigkeiten hervorbringt. Aus der Perspektive der Erkenntnisreflexion geht jene geforderte Konjunktion aber weiter, insofern sie Sein und Leben verknüpft, nicht nur Dasein und Sein als Ereignisse, die mit dem Auftreten des Menschen verbunden sind. Eine Kritik der Erkenntnistheorie muss also zuerst die entstandenen Vergegenständlichungen hinterfragen, um die Schatten, die wir auf die Phänomene werfen, wahrzunehmen und wenn möglich zu entfernen. Das ist keine Methode, die Ideen hinter den Worten aufzudecken oder Sprache als urtümliches Phänomen zu entdecken (als Haus des Seins, wie es Heidegger formuliert hat[16]). Vielmehr sollen solche Vergegenständlichungen zurückgehalten werden, um mit neuen Augen Phänomenen begegnen zu können, die man sich bislang selbstverständlich vorstellen konnte.

Im vorangegangenen Teil wurden solche Sichten versucht und Potenziale der Entgegenständlichung angedeutet. Diese kann methodisch als Form der phänomenologischen *epoché* charakterisiert werden, welche im Absehen von selbstverständlichen Sichtweisen neue Aufmerksamkeiten schaffen und Wahrnehmungen zu Bewusstsein bringen kann.[17] Diese Perspektivwechsel helfen die Schleier zu lichten, welche Erfahrungen verdecken und Vorstellungen unscharf in Bezug auf ihren Phänomenbezug machen können. *Epoché* im philosophischen Sinne meint Zurückhaltung eines Urteils. Zurückgehalten wird also die Vergegenständlichung,

---

ein mit zoë bezeichnetes Leben, aber wegen ihrer Unsterblichkeit keinen βίος. In der griechischen Naturphilosophie ist die Zoe dem Bios daher allgemein übergeordnet; in spezifischen Verwendungskontexten im Hinblick auf den Menschen, zuvorderst im Platonischen Konzept des Tieres als eines zóon alogon (Lebewesen ohne Logos), wird zoë bíos hingegen untergeordnet. Bíos wird auf verschiedene Weise für das Leben des Menschen verwendet, der aber immer auch ein zóon logon echon bleibt. Die komplexe Begrifflichkeit entsteht durch das Konzept vom Menschen als einem Zwischenwesen, situiert zwischen den Sphären der Immanenz und Transzendenz, dem Irdischen und Göttlichen." (Nicole C. Karafyllis: Bios und Zoe [Version 1.0]. In: Kirchhoff, Thomas (Redaktion): Naturphilosophische Grundbegriffe. www.naturphilosophie.org; zuletzt abgerufen am 15.11.2020). Vgl. auch Martin G. Weiß: Bios und Zoë. Die menschliche Natur im Zeitalter ihrer technischen Reproduzierbarkeit. Frankfurt am Main 2009.

16 Martin Heidegger: Brief über den „Humanismus". Zuerst erschienen 1947. In: Wegmarken. 2., erweiterte und durchgesehene Auflage Frankfurt am Main 1978, S. 311–377.

17 Vgl. Edmund Husserl: Cartesianische Meditationen. In: Husserliana Band I. Den Haag 1950.

um die Erfahrung wieder beim Erkenntnisprozess ins Spiel zu bringen. Die Vorstellungen beziehen sich dann nicht auf die geschichtlich und kulturell bereits hervorgebrachten Gegenstände, sondern auf die Erfahrungen. Sie nähern sich damit wieder den Erscheinungen an und nehmen Abstand von den sprachlich verfestigten Vorstellungen.

Ähnlich geht die Kulturanalyse vor, welche selbstverständliche Aufmerksamkeiten durchbricht und kulturell geprägte Vorstellungen gewissermaßen gegenliest, sodass Gegenstände aus verschiedenen Perspektiven wahrnehmbar werden und damit ihre festen Gestalten verlieren. Solche Annäherungen aus verschiedenen Richtungen charakterisiert Mieke Bal als „Fokalisation".[18] Sie versteht darunter ein Hineinversetzen in unterschiedliche Perspektiven, was in Narrationstheorien zur Analyse von Texten hermeneutisch notwendig ist. „Wer spricht?" und „Wer nimmt wahr?" bestimmen die Vorstellungen und die Erfahrungen. Beides bedingt die Vergegenständlichung, die in diesem Kontext als kulturelles Konstrukt analysierbar wird. Es zeigt auch, dass Erfahrungen je nach Sprache und je nach Wahrnehmung unterschiedlich in symbolischen Formen verdichtet werden können. Diese „Poiesie" der Vergegenständlichung, nicht nur als naturwissenschaftlich verifizierbare Aktion, sondern als im weiten Sinne kulturelles Agieren kann vielfältig sein und zeigt, dass es keinen absoluten *point of view*, sondern vielfältige Sichtweisen gibt, die sich nicht einfach zu einem Allgemeinen zusammensetzen lassen. Die Entgegenständlichung schafft damit Aufmerksamkeiten, die zu neuen Erfahrungen und neuen Vorstellungen führen können.

Bals Methode macht auch deutlich, wie diese Aufmerksamkeiten für kulturelle Objekte durch „wandernde Begriffe", also durch Vorstellungen, welche die Grenzen der Disziplinen und ihrer Vergegenständlichungen durchqueren, intensiviert werden können. Die Kulturanalyse gewinnt durch solche „gegenstandslosen" Wahrnehmungen Freiräume, Phänomene besser zu erkennen, als dies durch die disziplinierten Einordnungen möglich wäre. Begriffe sind nicht nur verwoben in Texte, sie greifen auch individuelle Wahrnehmungen und Erlebnisse auf, die sich dann im Laufe der Geschichte kulturell verfestigt haben und wiederum durch diese festen Vorstellungen die Wahrnehmung und das Erleben im Voraus strukturieren und ausrichten. So dekonstruiert Bal beispielsweise einen Rundgang durch das naturhistorische Museum New Yorks als Lehrstück des Kolonialismus.

[18] Mieke Bal: Kulturanalyse. Frankfurt am Main 2006.

Die Vergegenständlichungen menschlicher Körper werden zu Mustern ethnischer Einheiten, die wiederum die Wahrnehmung von anderen Menschen prägen und lenken. Damit werden sie leichter regier- und beherrschbar.[19]

Solche Grenzziehungen und Neuinterpretationen haben nicht die Intention, die Erkenntnisreflexion völlig aufzulösen und stattdessen ein unreflektiertes Erleben als grundlegendes Weltverhältnis zu reanimieren. Dies würde schnell zu einem Rückfall in die symbolische Form des Mythos führen, die zu Recht als undistanziert und willkürlich gilt und damit nicht das Fundament für sozial legitimierte Formen des vernünftigen Erkennens und Urteilens sein kann.[20] Erkennen muss über den rein privaten Bereich hinausgehen und eine nicht nur individuelle Gültigkeit seiner Aussagen anvisieren, da es von anderen überprüft und zumindest argumentativ diskutiert werden muss. Gerade die notwendige Fundierung durch eine allgemeingültige Vernunft konnte Kants Erkenntnisreflexion freilegen. Seine Leistung besteht darin, Fortschritte beim Erschließen von Welt auch in den Kontext der moralischen Urteilskraft gestellt zu haben. Aber die kulturell bestehenden Verdichtungen müssen von Zeit zu Zeit auch wieder hinterfragt und „dekonstruiert" werden, damit das Vermögen von Erfahrungen genutzt werden kann. Zur Vergegenständlichung von Erfahrungen gehört ebenso die Entgegenständlichung von Vorstellungen, da erst in dieser Dialektik ein Erkenntnisprozess in Gang gehalten werden kann, der sich sowohl auf das Vermögen der Subjektivität als auch auf die Erfahrungen von Phänomenen bezieht. Dies kann dabei helfen, festgefahrene Vorstellungen zu durchbrechen und Erfahrungen mit Andersheit neu wahrzunehmen und sprachlich-begrifflich vorstellbar zu machen.

Die naturwissenschaftliche Perspektive auf die Vergegenständlichung, genauer gesagt, die physikalisch-chemische Perspektive führte mit zur Entzauberung und Entgöttlichung der Welt. Max Weber und Friedrich Schiller haben diese epochalen Gegenbewegungen der Moderne ausführlich beschrieben. Aber ebenso müsste die Kehrseite dieser Kritiken betrachtet werden: die Festlegung auf Formen des Erkennens sowie die Einschränkung der Anerkennung von Erfahrungen im Erkenntnisprozess. Denn es werden nur Erfahrungen akzeptiert, die sich vergegenständlichen lassen. Religiöse Erfahrungen, die in den Grenzbereichen der

---

19 Bal: Sagen. Zeigen Prahlen, a. a. O., S. 72–116.

20 Ernst Cassirer: Vom Mythus des Staates. Original: The Myth of the State 1946. Hamburg 2016.

Vergegenständlichung angeordnet wurden, werden aus dem Erkenntnisprozess ausgeklammert wie auch alle Erfahrungen, die aus der Konfrontation mit dem geringsten Hauch von Mystischem belastet sein könnten. Die Kritik solcher nur eingebildeter Vorstellungen als Kritik von Erfahrungen, die sich nicht experimentell nachvollziehen lassen, mag ihre Berechtigung haben, insofern keine solide und überprüfbare Wissenschaftlichkeit begründet werden kann. Sie wird aber dann selbst problematisch, wenn Vorstellungsformen unkritisch absolut gesetzt werden und wenn damit andere Formen und Zugänge ausgeblendet werden, die methodisch ebenso exakt sein können wie physikalische. Oder von der anderen Seite aus gedacht: Auch die Physik nähert sich längst Grenzbereichen und überschreitet diese in ihren Theorien bereits. Ihre höchst spekulativen Theorien zur Entstehung des Universums bzw. der Universen oder Modelle der Elementarteilchen (inklusive des Higgs-Boson oder „Gottesteilchen") sind nicht mehr vergleichbar mit den erfahrungsbasierten Formeln der Mechanik.

Heidegger hat diesen Epochenkontext als Seinsvergessenheit in seiner Wahrheitsontologie vielleicht zu sehr philosophisch umschrieben. Der Verdacht liegt nahe, Heidegger wolle sich *in persona* als Philosoph in seinem Dasein vergöttlichen. Das Seinsverständnis bleibt bewusst diffus, solange es in der Sprache der Philosophie ausgelegt wird. Heideggers Wendung auf die Zeit und seine Kehre zurück in Zeit und Sein entfernen sich vor allem in den späten Texten von allen Erfahrungen, die nicht Erfahrungen des Denkens von Heidegger sind.[21] Dennoch macht dieser fundamental-ontologische Ansatz mehr als die Existenzphilosophie deutlich, dass die Moderne nach dem Durchlaufen und Optimieren von Kants Erkenntnistheorie das Nachdenken über Sein verlernt hat und verlernen musste, weil es nicht in die Schemata der Vergegenständlichungen passt. Verloren gegangen ist damit aber eine entschiedene Perspektive auf das Sein des Lebendigen, die mehr noch eine Perspektive auf das Leben des Seins hervorbringt.

So, als wüssten wir, dass Leben nur auf der Erde oder anderen wenigen auserwählten Planeten existieren kann, legen wir das Anorganische dem Organischen zugrunde, ohne nachgewiesen zu haben, dass dies tatsächlich der Fall ist. Man hätte Angst, dass die Kritik der Entzauberung zu einer neuen Vergöttlichung

[21] Vgl. Martin Heidegger: Gelassenheit. Pfullingen 1959; Martin Heidegger: Zur Sache des Denkens: Zeit und Sein. Das Ende der Philosophie und die Aufgabe des Denkens. Mein Weg in die Phänomenologie. Tübingen 1969.

führen könnte, die wieder zurück in ein unkritisches und unaufgeklärtes Zeitalter weist. Der Preis für dieses Veto ist, dass das Nachdenken über das Sein nicht weiter kommt, sondern in seinen Vergegenständlichungen verfestigt bleibt. Entgegenständlichung müsste also auch und gerade das Sein betreffen. Dieser Schritt würde dann weiter führen zur Entgegenständlichung von Leben, sodass Sein und Leben auf eine neue Art und Weise zusammengedacht werden, die gar nicht so sehr entfernt von der heutigen naturwissenschaftlichen Denkweise ist, wie man vermuten würde.[22]

Die neueren Ansätze sind so ein Plädoyer, nicht zuerst nach einem Absoluten jenseits der Sterne zu suchen, sondern unser eigenes Leben und unsere Umwelt zu beachten. Vielleicht ist dieser heute unabdingbare ethische Anspruch zu sehr durch Kants Verknüpfung der Erkenntnistheorie mit der Theorie des Himmels aus dem Blick geraten, obwohl Kant ja gerade die Göttlichkeit des Seins in der Spanne zwischen dem ungeheuren Sternenhimmel und der unglaublichen menschlichen Erkenntnispotenz demonstrieren wollte. Vielleicht liegt es auch daran, dass sich die Philosophie lange Zeit nicht mit dem Wunder von Lebewesen wie einer Raupe beschäftigt hat, sondern mehr mit sich selbst. Die schlichte Umlenkung der Aufmerksamkeit auf Erfahrungen des Lebens wird wahrscheinlich auch keine großen epochalen Änderungen initiieren, wie dies etwa Heidegger sich erträumt hat. Aber es könnte wieder mehr Spielräume für das Denken geben, die in Entgegenständlichungen entstehen und als Erfahrungsräume für das Erkennen, nicht nur für Poesie oder Phantasie, anerkannt werden.

Die Vergegenständlichung des Lebens als Molekülkomplex, der in der Lage ist, sich selbst zu replizieren und dazu Energie zu nutzen, hat zu einer Differenz von Leben und Sein geführt, die jenes zu einem Seienden unter anderen und Sein zum Anderen des Lebens macht. Es überzeugt, dass dieser weite Begriff des Lebens es als sehr wahrscheinlich anmuten lässt, dass es auch an anderen und wahrscheinlich an unermesslich vielen Orten im Universum Leben gibt, auch wenn es nicht

[22] Siehe dazu Ernst Mayr: Konzepte der Biologie. Original: What Makes Biology Unique? Considerations on the autonomy of a science discipline 2004. Stuttgart 2005; Emanuele Coccia: Die Wurzeln der Welt. Eine Philosophie der Pflanzen. Original: La vie des plantes. Une métapysique du mélange 2016. München 2018; Corinne Pelluchon: Wovon wir leben. Eine Philosophie der Ernährung und der Umwelt. Original: Les nourritures. Philosophie du corps politique 2015. Darmstadt 2020; Corinne Pelluchon: Das Zeitalter des Lebendigen. Eine neue Philosophie der Aufklärung. Darmstadt 2021.

ähnliche Kommunikationsmittel wie der Mensch besitzt und deswegen von uns nicht verstanden werden kann.[23] Aber diese Definition hat den Ursprung des Problems aus den Augen verloren: Warum gibt es überhaupt Leben? Descartes' Meditation müsste also ihren Ausgang von der Erfahrung des Lebens nehmen, nicht von der des Denkens: Ich lebe, also bin ich. Wie sonst sollte „Leben" in ein Sein kommen, wenn dieses darin nicht bereits angelegt wäre?

Jenseits von Gegenständlichkeiten kann also etwas liegen, das sich weder erfahren noch vorstellen lässt, aber dennoch denkbar bleibt. Auf dieses „Sein" zielt Kants Erkenntnisreflexion ebenso ab wie seine Theorie des Himmels. Aber er belässt es als Idee, als regulative Spekulation, die seine Theorie abrundet und veredelt, obwohl sie im Geist der Aufklärung auftritt und ein Denken prägt, das sich nur auf sich selbst und nicht länger auf falsche Autoritäten bezieht. Das Jenseitige, Transzendente, wird aus der Vorstellung entfernt. Es soll durch die Hintertüren als Transzendentales zurückkehren, aber welche Macht sollte sich dieser Reinigungsaktion der Kant'schen Kritik beugen wollen?

Das Postulat der Vergegenständlichung von Erfahrungen als Grundlegung von Vorstellungen und Bedingung von Erkenntnis differenziert schnell nach dem, was erkannt werden kann, und dem, was jenseits der Erkenntnis vorhanden sein könnte, zwar vorstellbar bleibt (als Produkt der Einbildungskraft), aber keine Gewissheit für sich beanspruchen kann. Kant wollte mit seiner Kritik diese Grenze ziehen, und dieses Programm war notwendig. Er behauptet auch nicht, es gäbe keine religiösen Erfahrungen mehr, wie er überhaupt die Vielfalt von Erfahrungsmöglichkeiten niemals einschränken würde. Aber er verschiebt die Intention des Nachdenkens in den Bereich des Gegenständlichen. Zwar ist seine Philosophie von synthetischen Urteilen a priori gescheitert bzw. konnte keine erstaunlichen Aussagen hervorbringen. Aber er hat der Philosophie die Möglichkeit der Spekulation über nichtgegenständliche Erfahrungen genommen – erst die Vernunft- und Rationalitätskritik konnte die eigenen Grenzen der Kant'schen Erkenntnistheorie wieder deutlich machen.

Das immer noch bestehende Problem, das hier umrissen werden sollte, ist die Lenkung der Aufmerksamkeit hin zu Phänomenen, denen nur der Mensch seinen Intentionen gemäß bestimmte Sinngehalte einschreibt. Dieses vorgestellte Reich

---

23 Vgl. Mayr, Sind wir allein in den Weiten des Alls?, in: Konzepte der Biologie, a. a. O., S. 211–218.

der Gegenständlichkeit beschreibt alle Reaktionen und alles Seiende, als ob es rein zufällig existiere und als ob nur der Mensch in diesem Chaos einen organischen Kosmos sehe. Aus der Kritik einer sicherlich überbordenden Spekulation, die in Kants Zeiten massive Auswüchse an mythischen und religiösen Fantasien entstehen ließ, ist ein Verbot geworden, über Erfahrungen nachzudenken, die nicht in diese Vernunftstrukturen passen. So fehlt der endgültige Beweis des Vorrangs der unbelebten Materie sowie der Sonderstellung des Lebendigen. Die Grenze zwischen Sein und Nichts ist einfacher zu bestimmen als die zwischen Lebendigem und Nichtlebendigem. Der Tod beendet nur die individuelle Existenz, aber nicht das Lebendige. Die Frage ist also nicht nur: Warum ist Sein und nicht vielmehr nichts?, sondern: Warum existiert Leben?

„Leben“ wird erst in der Kant'schen Erkenntnisreflexion zu einem privilegierten Begriff und wir müssen unsere Hybris in Frage stellen, dieses nur als terrestrisches Phänomen zu deuten, ohne dass wir tragfähige Erfahrungen von extraterrestrischen Phänomenen haben. Kant spekulierte noch wie selbstverständlich in seiner Theorie des Himmels über die Bewohner anderer Planeten. Wir sind vorsichtiger geworden, wenngleich weiterhin Hypothesen über Lebensformen auf Mars, Venus, auf Monden des Jupiters oder des Saturns nicht abwegig sind. Aber es müsste auch einmal grundsätzlicher über den Begriff des Lebens nachgedacht werden, der sich vollständig auf unsere Erfahrungen bezieht, in diesen Vergegenständlichungen aber die Sicht auf das Universum auch verstellen kann. Das Transzendente und seine Erfahrungen müsste so vielmehr universal gedacht werden und nicht nur erdbezogen. Denn es ist das, was jenseits des Erkennbaren liegt, aber gedacht und erfahren werden kann. Diese Erfahrungen ins Denken zu bringen, findet nach der Kritik der gegenständlichen Erkenntnisreflexion eine neue Berechtigung, ohne in die Phantasien von Geistersehen abzugleiten. Über die phänomenologischen und kulturwissenschaftlichen Methoden der Distanzierung hinaus, die Erscheinungen in ihrem Sein freilegen können, kann die Entgegenständlichung als neue Perspektive auf die Welt als Lebenswelt verstanden werden.

Lebenswelt erscheint dann in einem weiten Sinne, nicht nur als Welt des alltäglichen Lebens, als Alltagswelt im sozialwissenschaftlichen Sinne, sondern als Umwelt, die verstanden werden kann als lebendige Welt. Lebenswelt bedeutet mehr als belebte Welt: Sie ist Welt zum Leben.

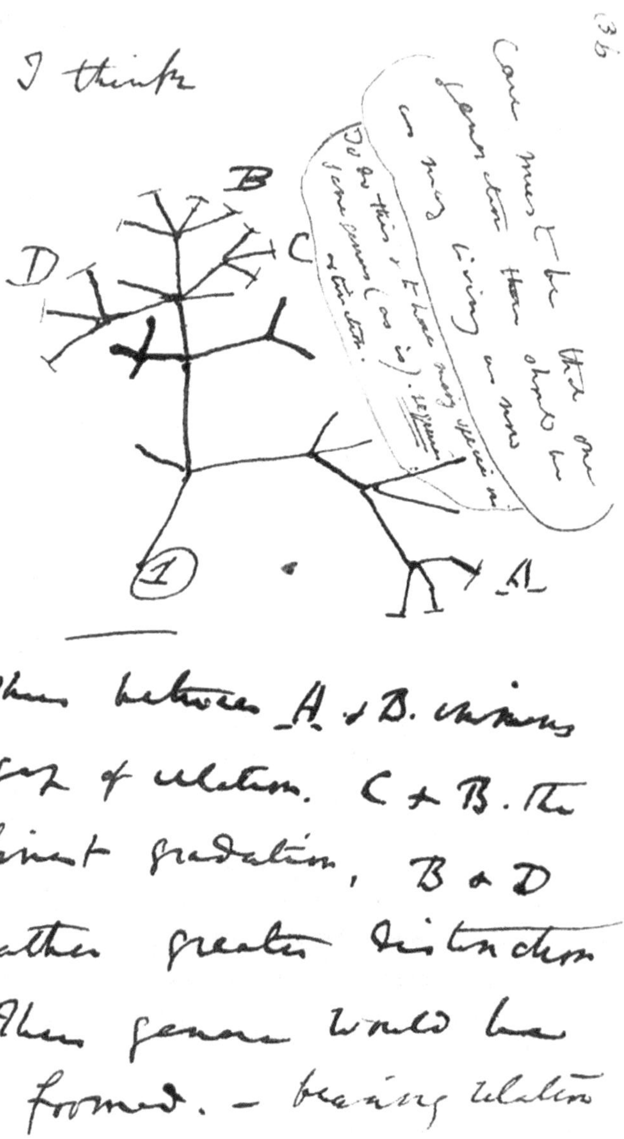

Abbildung 4: Erste Skizze des Evolutionsbaumes 1837 aus dem ersten Tagebuch Darwins über Transmutation of Species.

Der Kosmos hinter Darwins Doktrin. Evolutionäre Philosophie und astrobiologische Perspektiven

„Die Wissenschaft erklärt, was funktioniert, nicht, was ist. Z. B.: warum verschiedene Arten von Blumen anstatt einer einzigen?“[24]

1 Biologische Paradigmenwechsel

Darwins Theorie kann man mit Fug und Recht zu den bedeutenden Theorien der modernen Wissenschaft zählen, die das moderne Denken und Leben nachhaltig geprägt haben. Ihre Leistung besteht in der Säkularisierung des Weltbildes, was tiefergehende durch die Begründung der Autonomie der Biologie als eigenständige Wissenschaft mit ihren Begriffen und Konzepten bewirkt wurde. Die Entwicklung des Lebens benötigt zur Erklärung weder metaphysische Entitäten noch physikalische Gesetze. Sie folgt ihren eigenen Regeln. Die Evolutionstheorie ist in dieser Hinsicht keine Ableitung aus Philosophie oder Physik. Sie ist eine originäre Leistung. Der Blick auf Ursprung und Genese der Arten stellt einen revolutionären Paradigmenwechsel der wissenschaftlichen Theoriebildung dar. Erst auf dieser Grundlage können die spezifischen Besonderheiten der belebten Natur wissenschaftlich wahrgenommen und erforscht werden. Darwin hat damit nicht nur den Menschen von seinem selbstgezimmerten Thron gestoßen. Er hat auch die Physik in ihre Grenzen gewiesen, insofern ihr Anspruch auf eine Weltformel die Kluft zwischen anorganischer und organischer Materie eher vertieft, denn überbrückt hat.

---

24 Albert Camus: Tagebücher 1935–1951. Original: Carnets 1962, 1964. Reinbek bei Hamburg 1986, S. 146.

Die Gegenstände von Physik und Biologie sind nicht identisch. Dass sich die Biologie als Wissenschaft erst einmal gegen die Physik positionieren musste, ist nicht unerheblich und kann leicht übersehen werden, wenn man ihre Abgrenzung zur Theologie und zur Philosophie zu sehr in den Vordergrund stellt. Beide Grenzziehungen sind notwendig und auffällig: Zum einen muss ein Schöpfergott aus der genetischen Theorie ausgesondert werden. Zum anderen müssen die Arten von ihrer Überzeitlichkeit als platonische Urbilder oder Wesenheiten befreit werden, damit ihr Ursprung erklärt werden kann. Das biologische Denken bringt so die Zeitdimension in die Ontologie, insofern Emergenzen und zufällige Mutationen als Antriebsquellen der Evolution entdeckt werden.

Erstaunlich ist, dass das Auftreten unerwarteter Eigenschaften in komplexen Systemen und die Berücksichtigung des Zufalls zwar die Biologie grundlegend geprägt hat, aber nicht die Paradigmen der Physik auf ähnliche Weise erschüttern konnte, obwohl es eine radikal neue Sicht auf die Wirklichkeit bedeutet, wenn man Systemen Freiräume zugesteht, die keine singulären Randerscheinungen, sondern systemimmanente Felder sind. Ernst Mayr, der große Evolutionsbiologie, der sich intensiv mit einer Philosophie der Biologie beschäftigt hat, beklagt diese mangelnde Synergie der Wissenschaftsdisziplinen zu Recht und beschreibt anschaulich, wie die Autonomie der Biologie in Opposition zu physikalischen Konzepten errungen werden musste.[25] Ebenso müsste auch einmal der umgekehrte Weg versucht werden, Konzepte der Biologie auf physikalische Konzepte zu transformieren. Dies kann nicht im Sinne eines simplen Animismus oder gemäß schon lange überwundener, teleologischer oder vitalistischer Theorien geschehen. Vielmehr müssen Modelle erprobt und selbstverständliche Sichtweisen hinterfragt werden, die sich aus der Unterscheidung zwischen organischer und anorganischer, belebter und unbelebter Materie ergeben.

Dazu soll im folgenden Darwins Lehre und ihre Leitlinie auf ihre Kontexte hin analysiert werden, um daraus Schlussfolgerungen für ein Paradigma zu ziehen, welches die Reflexion von Leben ins Sein integriert.

---

[25] Ernst Mayr: Konzepte der Biologie. Original: What Makes Biology Unique? Considerations on the autonomy of a science discipline 2004. Stuttgart 2005.

2 Demontagen

Vor Darwin schien die Welt einfacher – zumindest einfach erklärbar, wenn man bereit war, vorgegebenen Weltdeutungen zu glauben und diese nicht zu hinterfragen. Dies oblag Philosophen und Theologen, hatte aber sonst keine gravierende Bedeutung für das Alltagsleben. Nach Darwin wird das anders sein, und in gewisser Hinsicht kann man die Evolutionstheorie als Voraussetzung für Freuds Psychologie sehen. Beide gehen davon aus, dass der Mensch nicht mehr Herr seiner selbst oder der Welt ist, sondern nur einer bzw. etwas unter vielen. Die Physik konnte diese Selbstbegrenzung nicht leisten. Sie ist im Gegenteil eher dadurch gezeichnet, dass die Einzigartigkeit des Menschen in seinem Intellekt besteht, der dazu befähigt ist, die Gesetze der Natur zu erkennen und, wenn möglich, ihre Kräfte zu beherrschen. Die Physik ist keine „demütige" Wissenschaft, daher war ihr auch der Begriffe „Zufall" lange Zeit fremd, bis die Heisenberg'sche Unschärferelation zumindest die Unberechenbarkeit des Einflusses eines Beobachters thematisierte und die Chaostheorie auf die Hyperkomplexität von Zusammenhängen aufmerksam machte: Der Flügelschlag eines Schmetterlings kann an einem weit entfernten Ort einen Wirbelsturm verursachen und der Mensch wird nicht imstande sein, die dafür zugrundeliegende Ursache-Wirkungs-Kette vollständig zu rekonstruieren, weshalb manche Ereignisse als zufällig erscheinen.

Die Annahme genetischer Variationen, welche der Antrieb der Evolution sind und zur Entwicklung von Ordnung durch Eliminierung und Selektion führen, stellt dieses Prinzip von in ihren Ursachen nicht nachvollziehbaren Zusammenhängen in den Vordergrund. Seien diese nun durch willkürliche Quantensprünge oder überkomplexe Verhältnisse bedingt, ist nicht erklärbar, sodass die Variationen unerklärbare Ereignisse sind, die auf ein Sein schließen lassen, das weder mittels Substanzen noch als System beschreibbar ist, sondern sich selbst entwickelt. Eine feststehende Schöpfung mit klar voneinander abgegrenzten Entitäten kann somit nicht mehr metaphysisch gedacht werden. Die Variabilität der Arten bringt eine ganz andere zeitliche Kategorie ins Spiel, als dies durch das christliche Weltbild bedingt war. Sein selbst gerät unter die Dimensionen der Zeit.

Darwin absolviert diese Kehre, indem er den Schöpfergott aus der Theorie eliminiert und damit Dynamik in ein Geschehen bringt, das lange Zeit als festgelegt erschien. Genesis und Vorsehung können die Zeit nur als Akzidenz der sekundären Qualitäten denken, wohingegen die Wesenheiten identisch bleiben. Wenn die Wiederkehr Christi und das Kommen des Reichs Gottes bereits vorbestimmt sind, bleibt alles Werden nur beliebige Erscheinung, in der Zufall und Geschick nur nebensächliche Bedeutung haben, auch wenn es den Menschen anders vorkommen mag. Alles Seiende unterliegt der Zeit, aber nicht das Sein des Seienden, welches ewig und unvergänglich ist. Die Schöpfung ist von Anfang an determiniert. Wenn man es gut mit den Menschen meint, so legt man dieser Schöpfung als erste Ursache einen göttlichen Willen zugrunde, welcher die Welt nach seinem Bild ordnet. In diesem Anfang entstehen die Arten und mit ihnen der Mensch, dem der Geist eingehaucht wird. Ebenso ist ihm die Freiheit gegeben, seinem eigenen Willen zu folgen und vom göttlichen Willen abzuweichen. Nur der Mensch als Ebenbild Gottes hat dieses Potenzial des freien Willens. Nur der menschliche Intellekt kann den göttlichen Schöpfungsplan erkennen. Tiere und Pflanzen sind von diesem besonderen Sein weit entfernt. Sie sollen als Geschöpfe dem Menschen zu Diensten sein und ihn ernähren. Alle Materie dient also nur dazu, den Geist hervorzubringen. Die ersten vier Tage des Hexaemeron der Genesis umfassen die Schöpfung des gesamten Universums (Licht, Himmelsgewölbe, Erde und Wasser und Himmelskörper). Die Pflanzen werden bereits am dritten Tag geschaffen, Meerestiere und Vögel am fünften, Landtiere und zuletzt der Mensch am sechsten. Der siebte Tag ist heiliger Ruhetag nach der Vollendung der Welt. Gott sieht zurück und befindet, dass es gut ist. Erst nach dieser Zäsur beginnt die Geschichte als Geschichte des Menschen.

Die Kritik an dieser vielleicht schönen, wissenschaftlich aber nicht tragfähigen Allegorie des Schöpfungsmythos braucht an dieser Stelle nicht wiederholt zu werden, weil sie aus unserer heutigen Perspektive offensichtlich ist. Sie eignet sich nicht zur Erklärung von Beobachtungen, welche die biologische Forschung mit großer Akribie gesammelt und aufgezeichnet hat. Bereits Darwin konnte an ein breites naturkundliches Wissen anknüpfen. Die Beobachtungen, die er selbst während seiner Forschungsreise auf der Beagle in diesem Kontext gewinnen konnte, sind für die Formulierung seiner Thesen daher nicht nur schmückendes Beiwerk, sondern eine notwendige Voraussetzung für den Paradigmenwechsel, welcher durch die Evolutionstheorie in Gang gesetzt wird. Sie stellen die Theorie auf die Beine und erwecken den Eindruck, dass für das Erkennen der wahren Gesetzmäßigkeiten der eigene Augenschein maßgebend ist, nicht die reinen Spekulationen des Geistes. Darwin folgt damit dem Duktus der modernen Naturwissenschaften, Theorien auf die Füße von Beobachtungswissen und experimentelle

Überprüfungen zu stellen, anstatt nur in die Fußstapfen der alten Autoritäten von Philosophie und Kirche zu treten und diesen blindlings zu vertrauen.[26]

Vielleicht verdankte Darwin den entscheidenden Anstoß seines Lebens einem langweiligen Studium, dessen Unterricht ausschließlich aus Vorlesungen bestand und das ihn umso motivierter für moderne Lehrformen werden ließ. Diese führten auf Exkursionen aus dem Hörsaal in die freie Natur hinaus. Darwin erlebte diese Wanderungen mit seinem Lehrer in Cambridge, dem Botanikprofessor John Stevens Henslow, als etwas Wunderbares, und es machte ihn sensibel für die Wahrnehmung von nur scheinbar unbedeutenden Dingen, welche mehr zeigen können als hochtrabende Weltbilder.[27]

So war Darwin auf seinen Forschungsreisen nicht nur fasziniert von der vielfältigen Flora und Fauna, sondern mehr noch von Gesteinsschichten und geologischen Zusammenhängen. Mit seine wichtigsten Einblicke gewinnt er bei der Betrachtung von Geröllfeldern an den Rändern der Andentäler.[28] Das Nachdenken über Kieselsteine lässt Darwin die ungeheuren Zeiträume der Erdgeschichte bewusst werden, was für ihn eine spektakuläre Erfahrung bedeutet: Der Geist wird irre „ob der Vorstellung des langen, absolut notwendigen Vergehens der Jahre.“[29]

Die Lehre der Bibel und alle begleitenden theologischen Interpretationen (so, dass die Welt am 23. Oktober des Jahres 4004 vor Christus, um neun Uhr morgens,

---

[26] Anschaulich kommt diese Autoritätenkritik in der Ankündigung der Basler Vorlesungen des Heilkundlers Paracelsus aus dem Jahr 1527 zum Ausdruck: „Ich habe nicht den Lehren der Alten zugeschworen, sondern nur denen, die ich aus der Natur der Dinge und eigenen Erwägungen gewonnen und durch lange Praxis und Erfahrung bestätigt gefunden habe. […] Was mich betrifft, so werde ich – um meine Lehrmethode kurz zu beschreiben – Bücher der praktischen und theoretischen Medizin, deren Verfasser ich selbst bin, erklären. Diese Bücher habe ich nicht, wie andere es machen, aus Hippokrates, Galen oder anderen zusammengeschrieben, sondern ich bin durch Erfahrung, die höchste Lehrmeisterin der Dinge, und durch Fleiß zu ihnen gelangt.“ (Zit. nach Hans Joachim Störig: Weltgeschichte der Wissenschaft. Band 1. Augsburg 1992, S. 281; vgl. dazu Andreas Nießeler: Weltbücher und Herzensschriften. Zur Geburt des Sachlernens aus dem Geist der Hermeneutik. Berlin 2010).

[27] Vgl. Jürgen Goldstein: Die Entdeckung der Natur. Etappen einer Erfahrungsgeschichte. Naturkunden No. 3. Berlin 2013, S. 151–166: Wenn man Tiere antrifft, die in der Natur eine so unbedeutende Rolle spielen, fragt man sich, warum sie überhaupt erschaffen wurden. Charles Darwin erreicht 1835 das Galapagos-Archipel.

[28] Ebd., S. 155.

[29] Zit. nach ebd., S. 156.

erschaffen wurde[30]), kann diese ungeheure Zeitdimension nicht wiedergeben und ist offenkundig Ergebnis von Spekulationen, die vom menschlichen Geist erfunden wurden, aber nicht mit empirischen Daten und Naturbeobachtungen übereinstimmen. Gestützt wird Darwins neue Sicht auf die Welt durch Fossilienfunde im Geröll, welche die biblische Zeitvorstellung völlig sprengen.

Die Zeit als wesentliche Ursache biologischer Entwicklung wird damit endgültig zur Grundlage der Theorie des Lebens. Und erst die Astronomie und die Astrophysik haben dieses Entwicklungskonzept auch im lange Zeit als statisch gedachten Universum entdeckt, wenn von Geburt und Tod von Sternen und gar von der Geburtsstunde unseres Universum vor 13,8 Milliarden Jahren die Rede ist. Hier zeigt sich bereits, wie fundamental die Biologie andere Naturwissenschaften beeinflusst und geprägt hat.

Darwins Theorie des Ursprungs der Arten muss nicht nur die Autorität der Bibel als vorherrschendes Standardwerk zur Welterklärung untergraben, da dieses die Zeitdimension nicht richtig erfassen kann. Sie eliminiert ebenso die Autorität hinter dem Buch, nämlich den göttlichen Schöpfer. Beides, Bibel und Schöpfergott, sind nicht mehr zur wissenschaftlichen Erklärung der Welt notwendig und werden zum überflüssigen Relikt einer auf Glauben und Worte basierenden Vernunft, die an Empirie und Rationalität zerbricht. Glaubensinhalte haben zwar nach wie vor ihre Berechtigung, aber nur in der Religion. Sie müssen konsequent aus der Wissenschaft ausgemerzt werden, so Darwins Doktrin.

Mit dieser Revolution der Denkungsart fällt auch eine Anthropologie, welche den Menschen als einzigartiges Wesen bestimmen möchte, das von Gott geschaffen wurden und Gott ebenbildlich ist. Darwins Doktrin besteht darin, konsequent alle Bezüge zur Bibel und alle theologischen Kontexte zu kappen. Wollte Kant noch in seiner Himmelslehre die Existenz Gottes durch den Nachweis der Perfektion der beobachtbaren kosmologischen Erscheinungen demonstrieren, so setzt Darwin allen wie auch immer sinnhaltig erscheinenden Weltstrukturen das Prinzip des Zufalls entgegen, welches die Welt mindestens genauso gut, wenn nicht noch exakter, erklärbar macht wie die transzendentale Sicht und durch die Ausscheidung allen Metaphysischen insgesamt in der Theoriebildung viel überzeugender sein kann als ein deistischer Mythos, der durch keinerlei Beobachtungen abgesichert sein kann. Zwar warten Theologen und wohl auch viele Gläubige auf

[30] Vgl. ebd. S. 157.

neue Wunder wie zu Zeiten Christi oder Mose, aber es gibt keine stichhaltigen Belege dafür und der Wunderglaube ist per Definition wissenschaftlich nicht nachweisbar; sonst wäre das zu diskutierende Phänomen kein Wunder.

Was bei den bisherigen Ausführungen noch nicht beachtet wurde, ist die Stellung des Menschen in diesem Diskurs. Seine Abstammung und seine genetische Verwandtschaft ist heute Allgemeinwissen und scheint kaum der Rede wert. Dennoch ist für Darwin die Spezies Menschen ein außerordentlicher Prüfstein für seine Theorie, der sogar weitreichendere Konsequenzen für die gesamte Theorie hatte, als es Darwin wohl ursprünglich bezweckte. Denn Darwin eliminiert nicht nur den göttlichen Geist aus der Evolution. Er tilgt mit diesem jeglichen Intellekt, indem er einen blinden Zufall walten lässt, welcher über die Jahrmillionen die Welt so geformt hat, wie wir sie heute beobachten können. Darwin gibt für diese Tilgung aber keinen Grund an, außer dass die Gottesebenbildlichkeit überwunden werden muss. Wenn mit dem Menschen aber alles aus der Theorie ausgemerzt werden muss, wodurch auch nur den Verdacht auf eine Intelligenz nahe läge, so spiegelt sich darin nach wie vor die menschliche Hybris wider, nach der sich alles nach dem Menschen zu richten habe. Wenn es schon keinen menschlichen Geist mehr geben darf, der am Göttlichen teilhat, so darf es überhaupt keinen Geist mehr geben. Die Natur ist nicht vernünftig. Allen Sinn und alle Kultur schafft nur der Mensch im Irrglauben, damit etwas Wahrem zu entsprechen, wohingegen es nur Spielereien seiner Fantasie sind.

Was im Nachhinein bei dieser so überzeugenden Argumentation auffällt, ist die Verallgemeinerung des menschlichen Intellekts als Paradigma von Vernunft überhaupt. Wenn den Menschen diese Spezifik abgesprochen wird, so muss es auch aus der Naturtheorie ausgeschlossen werden, soll diese nicht unter den Verdacht der Metaphysik fallen. Darwins Doktrin ist also so mächtig, dass sie in einem Handstreich Gegner mit erledigt, die sie gar nicht im Blick hatte. Variabilität ersetzt den vernünftigen Kosmos. Im unendlichen Spiel des Zufalls erscheint das Leben auf dem Planeten als Sonderfall im ansonsten weitgehend unbelebten Universum. Dies zu akzeptieren ist für den Menschen ungeheuer schwierig, da es dem gesunden Menschenverstand widerspricht, dass wir unter den Abermilliarden Sonnen und den ungezählten Galaxien eine der wenigen, wenn nicht gar die einzigen sein sollen, die leben und außerdem noch intelligent genug sind, um dies zu erkennen.

Vielleicht besteht dieses Unbehagen aber zu Recht, da es letztlich daraus resultiert, dass die Intentionalität im modernen naturwissenschaftlichen Weltbild anthropologisch gedacht wird und mit dem Ende des Anthropozentrismus auch jeglicher

Sinn aus dem Universum verschwindet. Wieder sieht sich der Mensch als Krone der Schöpfung, diesmal jedoch in umgekehrter Hinsicht: Wenn ihm diese Autorität genommen wird, so fällt in dieser Revolution alles mit ihm ins Chaos der Unvernunft, selbst wenn es denkbar wäre, dass alles im Universum sinnhaft ist und in sich die gleichen Strukturen des Lebendigen trägt, das sich auch auf der Erde entwickeln konnte. Das heißt nicht, dass damit nun hunderte identische Erden zu vermuten wären. Das terrestrische Leben hat aufgrund der Variabilität des Seins individuelle Formen entwickelt, die wohl einzigartig sind. Aber solche Formen können ebenso extraterrestrisch angenommen werden. Wenn wir weder diese beobachten bzw. wahrnehmen noch ausschließen können, so sollte man dem Prinzip der klaren Stringenz der Argumente folgen, die sich einfacher zu einer Theorie zusammenfügen lassen und nicht unnötige Schleifen und Zusatzannahmen voraussetzen.

3 Zufall und Intentionalität

Die Phänomene des Artenreichtums und der Vielfalt des Lebendigen können sehr gut durch Variabilität und Selektion erklärt werden. Durch zufällige Mutationen entstehen Varianten, von denen diejenigen beibehalten werden, welche sich an die jeweilige Umwelt anpassen und auch innerhalb der Spezies zur Fortpflanzung gewählt werden. Die Annahme einer teleologischen Ursache für die Entwicklung des Lebendigen ist also nicht mehr notwendig. Lebewesen entwickeln sich nicht zu einer Art, weil diese im Vorhinein, etwa durch einen göttlichen Schöpfungsplan, angelegt ist und sie dazu neigen, eine bestimmte, perfekte Form zu erreichen. Sie entwickeln die für uns heute wahrnehmbaren Gestalten, weil sich diese im Nachhinein in ihren jeweiligen Lebensumwelten bewährt haben. Durch Anpassung regulieren sich Organisationsformen der organischen Materie, durch genetische Reduplikationen werden diese in der Zeit beständig, durch Fehler in den Wiederholungen können Innovationen entstehen.

Allerdings wird die Evolutionstheorie von Darwin in einem Kontext begründet, der nicht übersehen werden sollte: nämlich den der Kultivierung und der Zucht. Das erinnert nicht von ungefähr an die biblische Gartenmetapher und an einen Designer, welcher die Welt intelligent nach seinem Bild formt. Diese Analogie der „artificial selection" mit der „natural selection" würde die Frage nach der Intention dieser Entwicklung aufwerfen, die aber ausgespart bleibt und auch nicht angedeutet wird, weil es Darwins Absicht war, die alte theologische Doktrin in Vergessenheit geraten zu lassen und durch seine neue zu ersetzen.

Durch die Hintertür eines „intelligenten Designs“ hält sich die alte Doktrin zwar weiterhin an der Grenze zwischen moderner Biologie und Theologie. Ein intelligenter Designer sollte aber nicht einfach zu einem Lückenbüßer der jeweiligen Stärken oder Schwachstellen einer Theorie gemacht werden. Es geht mir bei den nun folgenden Überlegungen nicht um diese Rehabilitation, was angesichts der Leistung und Wirkung von Darwins Theorie und seinem Beitrag zur modernen Weltsicht nicht möglich wäre. Viel interessanter ist es, Darwins Doktrin genauer zu analysieren, um möglicherweise Dogmen aufzudecken, die sich durch die Transformation der Kultivierung (*artificial*) in eine zufällig sich entwickelnde Natürlichkeit ergeben (*natural*). Natur und Kultur geraten damit in eine Opposition, die nicht weiter begründet wird, außer durch die Vormachtstellung des prometheischen Menschen, der die Kultur gebracht und seine Spezies aus den Fesseln der Natur zum bekannten Preis befreit hat.

Im ersten Teil von „On the origin of species“ führt Darwin als Beleg für seine These das immense Verfügungswissen an, das in der Tierzucht und bei der Kultivierung von Zier- und Kulturpflanzen entstanden ist. Menschen haben sich damit ein evolutionäres Prinzip zu Nutzen gemacht, um die Natur zu ihren Diensten zu kultivieren und um ihre Macht zu stärken. Im zweiten Teil weist Darwin diesen Anspruch aber in seine Grenzen und spricht davon, welch ungemein höhere Macht die Werke der Natur haben im Vergleich zu jenen bescheidenen Liebhabereien menschlicher Anstrengungen. Prinzipiell werden Zucht und Kultivierung von Darwin aber nicht in Frage gestellt, anders etwa als noch von Rousseau, der seinen Erziehungsroman „Emile“ mit einer fulminanten Kritik an diesen menschlichen Machbarkeitsvorstellungen und den damit einhergehenden Entfremdungsdynamiken von Kultur einleitete: „Tout est bien sortant des mains de l'Auteur des choses, tout dégénère entre les mains de l'homme“.[31]

Darwin ist weit entfernt von einer Laissez-faire-Pädagogik ebenso wie von der Vorstellung eines unbekümmerten Wachstums der Natur, obwohl dies der Entwicklungsgedanke nahegelegt hätte. Darwin führt als entscheidende Idee seiner Theorie den Kampf ums Dasein („the struggle for existence“) ein, welcher der

[31] Zit. nach Otto Hansmann: Seminar: Der pädagogische Rousseau. Band I. Weinheim 1993, S. 196.

Variabilität eine entscheidende Wendung verleiht. Denn dieser Kampf entspricht einer Intentionalität, die bisher nur dem Menschen zugesprochen wurde, der sich und seine Umwelt durch Wissen und Technik ständig verbessert. Der englische Begriff „existence" deutet diese im Grunde ontologische Sicht gut an, und die Übersetzung muss hier in einem weiteren Sinne gesehen werden als nur als etwas Bestehendes, Vorhandenes. Es geht tatsächlich ums Ganze, nämlich um ein Sein, das sich in den vielfältigen Lebensformen und Lebenserscheinungen niederschlägt.[32]

Diese Intentionalität findet sich in der Originalfassung in folgender Passage wider: „A struggle for existence inevitably follows from the high rate at which all organic beings tend to increase."[33]

„tend to" wird oft mit Neigung übersetzt, aber „Absicht" im Sinne der Intentionalität trifft besser, was Darwin zum Ausdruck bringen will und was vor allem dem Kontext entspricht, in dem er seine Metapher anwendet. Wenn etwas zu etwas tendiert, so ist etwas auf etwas gerichtet. Diese Zielgerichtetheit entspricht einer Intention, einer Absicht, einem Bestreben, einem Vorhaben. Intentional bedeutet zweckbestimmt und zielgerichtet. Auch wenn das teleologische Denken ausgeschlossen werden soll, so prägt es nach wie vor diese zentrale Stelle. Es könnte vermutet werden, dass sich zwar die Inhalte der Metaphern eliminieren ließen, also ein voraussehender Schöpfergott, der die Welt nach seinem Plan gestaltet, nicht aber die Struktur der Ausrichtung auf ein reales oder ideales Ziel, um dessen willen Lebendiges existiert: nämlich um zu sein.

Darwin wollte seiner Doktrin folgend diese Metapher nicht weiter ausführen, da sie im Kontext eines teleologischen Denkens steht, das einen bestimmten Zweck oder ein Vorhaben hinter den lebendigen Erscheinungen am Werk sieht, das nur ein intelligenter Designer entwerfen konnte. Stattdessen verknüpft Darwin seine Metapher mit einem Lebenserhaltungswillen. Die „Neigung zu überleben" oder die „Sorge ums Dasein" sprengen die anfangs einfache Analogie zwischen künstlicher und natürlicher Selektion, die nicht nur in einem zufälligen Geschehen

[32] Existenz meint dann das „Hinausstehen" und Erscheinen von etwas, das sich um sein Sein sorgt. Welsch deutet solche Bezüge zwischen Darwins Evolutionstheorie und Heideggers Daseinsontologie in seiner evolutionären Philosophie bereits an, negiert dann aber tiefergehende Verknüpfungen (vgl. Wolfgang Welsch: Mensch und Welt. Eine evolutionäre Perspektive der Philosophie. München 2012, S. 20–21).

[33] Charles Darwin: On the Origin of Species (Original 1859). Lerner Publishing Group 2009. ProQuest Ebook Central, S. 45.

verortet werden kann, sondern eine tendenziöse Auswahl beschreibt. Diese strebt insgesamt zu einer Kultivierung von Natur, die nun nicht mehr einzig dem Menschen vorbehalten ist. Die erstaunliche Vielfalt des Lebens mit ihrer schier unerschöpflichen Variabilität prägt die Organisationsformen des lebendigen Seienden, das nicht irgendwie vorhanden ist, sondern sich individuell auf die bestmögliche Weise am Leben und im Sein hält. Ohne diese Tendenz würden sich Molekülverbindungen nicht weiterentwickeln bzw. schnell wieder verschwinden. Die Evolution braucht eine Intentionalität, welche Variabilität in der Zeit hält.

Mit der Intentionalität ist ein weiterer Kontext gegeben, der nun in der Evolutionstheorie mit der „Sexualität" verknüpft wird. „Ad-tendere" bedeutet „attention" (Aufmerksamkeit). Die Intention des Lebendigen ist, sich zu anderen hinzuwenden mit der Absicht sich fortzupflanzen. Dabei macht es auf sich aufmerksam und wird aufmerksam für andere. Das Bestreben sich fortzupflanzen erzeugt also eine Neigung dazu aufzufallen und einen Kampf um Aufmerksamkeit, welches aus dem zweiten Prinzip der Selektion resultiert. Das Lebendige sucht demnach nicht nur individuelle Reproduktionsvorteile, sondern richtet sich auch nach einem weiteren Prinzip, das für die Fortpflanzung besser geeignet scheint.

Darwin führt den Pfau als Beispiel für diese Neigung potenziellen Partnerinnen aufzufallen an. Ohne diese Neigung hätte die Entwicklung des Pfauenrades keinen direkten Vorteil im Kampf ums eigene Überleben. Während es also anderen Spezies gegenüber geraten erscheint, nicht in Erscheinung zu treten und sich vor möglichen Feinden versteckt zu halten, buhlt man der eigenen Spezies und möglichen Sexualpartnern gegenüber um Aufmerksamkeit. Auch diese Intention gehört zum Sein des Lebendigen und beschreibt dessen Entwicklung in der Zeit.

Die Variabilität als Antrieb der Evolution erhält aus dieser Perspektive betrachtet eine bemerkenswerte ontologische Fundierung, insofern als keine Rede mehr sein kann von einer blinden und unwillkürlichen Abfolge zufälliger Ereignisse, die erst im Nachhinein vom Menschen mit Sinn und Zweck versehen würden. Vielmehr ist im lebendigen Seienden der Wille zum Überleben und zur Behauptung der eigenen Existenz wie der seiner Spezies angelegt. Diese Intention umfasst sowohl die permanente Optimierung der Anpassung an Lebenswelten, die selbst variabel sind, als auch das Wahrnehmen von Anpassungsvorteilen und das Präsentieren dieser Vorteile. Rationalität und Ästhetik sind damit gewissermaßen ontologische Prinzipien, die nicht einzig die menschliche Lebensform als *animal rationale* betreffen, sondern alles Lebendige. Denn diese Prinzipien können nicht aus dem Nichts entstehen, wenn man keinen *deus ex machina* annehmen möchte, sondern sind potenziell Wesenheiten im Sein des Lebendigen.

4 Löcher im Gewebe der Evolutionstheorie

Das „Wunder des Lebens" kann als großes Rätsel für den menschlichen Intellekt gesehen werden, das erst durch den mikroskopischen Blick und durch astronomische Instrumente in seinem ganzen Ausmaß erfahrbar geworden ist. Während die anfängliche Philosophie, die noch nicht über diese Beobachtungstechniken verfügen konnte, die Selbsterfahrung des Menschen im Kosmos thematisierte und seine Existenz verstehbar machen wollte als einziges Wesen, das zur Vernunft befähigt ist, muss die heutige Philosophie nach der Divergenz zwischen den Theorien der Mikro- und der Makrowelt fragen. Denn offensichtlich bestehen gravierende Unterschiede zwischen der organischen Welt des kleinsten Lebens und der Welt des Universums, in dem sich dem menschlichen Beobachter nichts Lebendiges zeigt. Leben wird damit zu einer wohl einzigartigen Existenzform des Alls, welche Bedingungen benötigt, um sich hervorzubringen, die zwar in den Sonnen angelegt sind, diesen aber nicht zugesprochen werden können. Auch wenn man inzwischen recht gesichert davon ausgeben kann, dass alle elementaren Teile bereits – zumindest potenziell – mit dem Urknall entstanden sind und sich dann soweit atomar verdichtet haben, dass organische Molekülverbindungen entstehen konnten, so nimmt man doch nicht an, dass das Universum selbst Lebensformen aufweist, die sich terrestrischen wie extraterrestrischen verwirklichen. Leben ist unserem Verständnis nach mit unserem „Heimatplaneten" verbunden, und so sucht man erdähnliche Bedingungen, um weitere Lebensformen entdecken zu können. Die „Gaia-Hypothese" verdichtet diese Annahme, indem sie die Erde mit ihrer Atmosphäre selbst als lebendigen Organismus betrachtet, der sich auf einzigartige Weise selbst (*autopoietisch*) organsiert.[34] Leben kann damit nicht über diese irdische Atmosphäre hinausgehen. Gaia ist gewissermaßen eine monolithische Kugel des Lebendigen im Äther.

[34] Vgl. James Lovelock: Das Gaia-Prinzip: Die Biographie unseres Planeten. Original: The ages of Gaia 1988. Zürich, München 1991.

Dieser Standardtheorie zugrunde liegt Darwins Doktrin der evolutionsbiologischen Sichtweise, welche noch in ihrer Negation anthropozentrisch ist, wenn sie Ratio und Aisthesis nur Menschen zugesteht und in einem Streich diese dem Universum entzieht, sobald die Entstehung der Spezies Mensch aus dem Evolutionsgeschehen erklärbar wird. Wahrnehmung und Intellekt sind zufällig entstandene Anpassungen an eine Umwelt, in der sich die Vorfahren des Menschen als überlebensfähig erwiesen haben. Die Umgestaltung dieser Umwelt zur menschlichen Kulturwelt bestärkt dann diese menschliche Anpassungsleistung. Im Grunde genommen sind Menschen aber nur eine Weiterentwicklung von Affen und ihr Genom ist weitgehend identisch mit dem der Fische.[35]

Ein von außen eingehauchter Geist ist in diesem Modell nicht mehr notwendig und kann insgesamt dem Sein entzogen werden. Die menschliche Vorstellungswelt und seine Kulturwelt haben sich im Kampf um die Existenz als überaus erfolgreich erwiesen. Selbst Seuchen können durch moderne Medizin und Impfstoffe eingedämmt werden. Mit dem Menschen scheint die Evolution zu ihrem Ende gekommen, außer es gelingt den Menschen, durch die weitgehend von ihnen selbst erzeugten klimatischen Veränderungen ihren Anpassungsvorsprung zu verlieren und entweder Platz für eine neue Spezies zu machen, die ihnen nachfolgen wird wie sie selbst zuvor den Affen, oder in seiner eigenen Spezies neue Vermögen zu generieren, welche es ermöglichen werden, sich an die neuen Umwelten anzupassen. Inzwischen gilt die Technik als solch neue Organentwicklung, welche entweder die menschliche Existenz in Hybridwesen optimieren oder als neue Form in der evolutionären Entwicklung ganz ablösen wird.

Drei Probleme sind mit der Begründung einer evolutionären Sichtweise im Sinne Darwins verbunden:

1) Warum entwickelt sich Leben zu immer komplexeren Lebensformen und steht nicht still in einer Entwicklung, die sich als überlebensfähig erwiesen hat?
2) Warum muss jede Form von Intelligenz aus der Evolution ausgeschlossen werden, obwohl es doch ein anscheinend intelligentes Wesen wie der Mensch so erkannt hat?
3) Warum sollte Evolution nur im Lebendigen stattfinden? Und weiter gedacht: Welche intelligenten Strukturen lassen sich im Universum beobachten?

---

35 Neil Shubin: Your Inner Fish. The amazing discovery of our 375-million-year-old ancestor. London u. a. 2008.

Mehr als Gedankenexperiment können diese Frage durchgespielt werden, um vielleicht Blickwinkel freizulegen, die durch die allzu festgefahrenen Vergegenständlichungen der evolutionstheoretischen Sichtweise verstellt werden können. Damit keine Missverständnisse aufkommen: Es geht mir dabei weder um die Leugnung der Evolutionstheorie noch um eine Kehrtwende zur Lehre des intelligenten Designs. Beides wären Rollen rückwärts.[36] Die Entgegenständlichung soll vielmehr Anregungen geben, Phänomene mit anderen Augen zu sehen, um wieder aufmerksam für die Probleme zu werden, welche zu wissenschaftlich fundierten Theorien geführt haben – und damit auch aufmerksam zu machen auf alternative Vergegenständlichungen, die sich durch diese Perspektivverschiebung ergeben könnten.

5 Die exzentrische Perspektive der Biologie

Nach Darwins Doktrin ist es notwendig, die Entwicklung des Lebens als zufälliges Geschehen zu betrachten, weil er Teleologie und Vitalismus überwinden und die biologische Theorie auf die Füße der exakten Beobachtung stellen wollte. Ein Wille zur Formbildung, wie es der Annahme eines *Élan vital* zugrunde liegt, lässt sich bis heute nicht nachweisen, und Bergsons *L'évolution créatrice* gilt nach wie vor als Literatur, nicht als strenge Wissenschaft.[37] Eine auf ein vorgegebenes Ziel gerichtete Entwicklung, wie es die Teleologie vorsieht, entspricht nicht dem kausalen Denken, nach welchem sich jede Naturwissenschaft zu richten hat. Jede Wirkung muss eine Ursache außer sich haben. Ein Gegenstand wirkt auf einen anderen ein und erzeugt in diesem eine durch diese Einwirkung determinierte Reaktion. Dinge richten sich nach den Naturgesetzen, welche Ursache ihrer Wirklichkeit sind. Sie fallen aufgrund der Schwerkraft vom Baum. Planeten bewegen sich um die Sonne im Spiel der Zentrifugalkraft mit der Anziehungskraft. Spezies müssen also auch aufgrund solcher Ursachen entstehen und nicht, weil sie den Hang haben, sich zu differenzierten Formen zu entwickeln.

Aber kann das auch beobachtet werden? Darwin selbst gesteht in seiner Evolutionstheorie ein: Es sei ungemein einfacher, den Fall einer Handvoll Federn

[36] Vgl. dazu etwa Martin Neukamm (Hrsg.): Evolution im Fadenkreuz des Kreationismus. Darwins religiöse Gegner und ihre Argumentation. Göttingen 2009.

[37] Henri Bergson: Schöpferische Evolution. Original: L'évolution créatrice, 1907. Neu aus dem Französischen übersetzt von Margarethe Drewsen. Hamburg 2013.

mittels der Naturgesetzte zu beschreiben, als die Wirkung und Rückwirkung der zahllosen Pflanzen und Tiere, die im Laufe von Jahrhunderten Arten und Zahlenverhältnisse der Bäume bestimmt haben.[38]

Die Entwicklung des Lebens aus seinen Ursachen zu erklären, wird damit so gut wie unmöglich. Letztlich bleibt man damit auch auf einer theoretischen Ebene und folgt Spekulationen, wenn sie sich als tragfähig erweisen bzw. scheidet Vermutungen aus, welche nicht in das Theoriegebäude passen. Liegt es also nur an der Begrenztheit des menschlichen Intellekts, wenn dieser nicht in der Lage ist, komplexe Zusammenhänge biologischer Phänomene zu verstehen? Oder verdeckt das Standardmodell nach Darwins Doktrin die Sicht und behindert das Verständnis? Schließlich tritt die Physik mit einem ganz anderen Selbstbewusstsein auf als die Biologie, insofern sie nicht nur die Entstehung des Universums thematisierbar gemacht hat, sondern auch eine Weltformel sucht, die letztlich alles erklärbar machen soll. Warum sollten wir aber das Sein von Leben, das uns ja unmittelbar betrifft, schwerer verstehen als das Sein von Zuständen in Raum und Zeit, die völlig jenseits aller menschlichen Dimensionen sind?

Legt man der Entwicklung Intentionalität zugrunde, so lassen sich die Beobachtungen einfacher erklären. Die Einfachheit soll keine Legitimation für das Unverständnis einer Theorie sein; umgekehrt die abgeleitete Überkomplexität aber auch nicht. Es muss also hinterfragbar sein, inwiefern einer der Ursachen (der *causa efficiens*) Gültigkeit zugesprochen wird, einer anderen hingegen nicht (der *causa formalis*), wenn es um die Erklärung der Entstehung der Arten geht.

Auch der Evolution liegt eine Form von Rationalität zugrunde und es ist nicht zwangsläufig notwendig, alle Formen von Intelligenz aus der Evolution auszuschließen, nur weil Menschen sich als intelligente Wesen tituliert haben. Warum sollte nur der Physik zugestanden werden, welthafte Strukturen zu erkennen und im Buch der Natur lesen zu können, während andere Wissenschaften von der Weltfremdheit des Menschen auszugehen scheinen beziehungsweise den Menschen als Sonderling betrachten, der sich seine Welt zurechtzimmert und nur das versteht, was er selbst gemacht hat?

Wolfgang Welsch hat in seinen Bestimmungen des *homo mundanus* eine Kritik an der modernen anthropischen Perspektive herausarbeiten können, welche den Menschen in seinem Gehäuse von Kultur und Erkenntniskonstruktion einsperrt,

[38] Vgl. Darwin, On the Origin of Species, a. a. O., S. 52.

während jenseits dieser Vorstellungen eine Welt zu entdecken wäre, deren Teil natürlich auch der Mensch ist.[39] Durch jenen Cartesianischen Dualismus von *res extensa* und *res cogitans* erscheint der Mensch als sonderbarer Weltfremdling, der alles auf sich beziehen möchte, aber nicht anerkennt, dass diese Subjektivität sich auch in Kongruenz zur Welt entfalten kann. Welterkenntnis erscheint so als reines Konstrukt. Um sich der Welt jenseits der menschlichen Kultur anzunähern, muss der Erkennende versuchen, möglichst von sich als lebendigem Individuum und von allem Allgemeinen menschlicher Analogien abzusehen, die wie ein Schleier über den wahren Dinge liegen. Das Kleid der Symbole, so formulierte es schon Husserl, darf nicht dazu führen, dass wir für wahres Sein nehmen, was eine Methode ist.[40]

Diese Perspektive, so Welsch, verstellt durch ihre Denkform den Blick auf die elementare Weltverbundenheit des Menschen und auf das damit begründete Potenzial seiner Welterkenntnis. Ontologie und Epistemologie müssen also reformuliert werden. Dieser Ansatz geht in die Richtung, die bisher auch leitend für diese Überlegungen war. Jedoch müsste der Blick auf die Evolutionstheorie geschärft werden. Zieht man alles Menschliche aus dieser Argumentation ab und bereinigt man die Theorie von Bestimmungen, die vorher dem menschlichen Geist allein zugesprochen wurden, so scheint ein sinnloses und zufälliges Naturgeschehen übrig zu bleiben, dessen Erscheinungen nur für menschliche Interpretationen Sinn ergeben. Darwins Doktrin macht diesen Widerspruch offensichtlich. Ihre Analyse zeigt, dass sein Kampf gegen jegliche theologisch verdächtige oder metaphysisch vorbestimmte Sichtweise das Sein des Lebendigen nicht nur entgöttert und entzaubert, sondern selbst wieder unter seine Weltanschauung gestellt hat. Intentionalität und Ästhetik nur der menschlichen Kultur und ihrem Geist zuzugestehen, ist gewissermaßen die Umkehrung der anthropischen Perspektive und nicht deren Auslöschung.

Welschs Hypothese müsste also insofern präzisiert werden, als die evolutionäre Perspektive selbst anthropische geprägt ist. Das Verständnis des Menschen aus dem Kontext der Evolution, welches nach Welsch die These der Weltfremdheit aushebelt und die Weltverbundenheit des Menschen aufzeigt, kann auch weitergedacht zu einem anderen Verständnis der Evolution und des Seins, das lebt, führen. Welsch

39 Wolfgang Welsch: Homo Mundanus. Jenseits der anthropischen Denkform der Moderne. Zweite, überarbeitete Auflage. Weilerswist 2015.

40 Edmund Husserl: Die Krisis der europäischen Wissenschaften und die transzendentale Phänomenologie. In: Husserliana Band VI. 2. Auflage, Den Haag 1962, S. 52.

selbst zeigt diese Perspektive am Ende seiner Vorlesung und im *homo mundanus* auf: Im menschlichen Vermögen zum Denken setzt sich die Reflexivität des Seins fort. „Daher bezieht sich, wenn wir uns auf die Welt beziehen, eigentlich die Welt auf sich selbst, betreibt ihre Selbsterfassung – in unserem Erkennen erfasst sich die Welt."[41]

Nicht ganz nachvollziehbar ist an dieser Stelle, warum Welsch von einer Überwindung der anthropischen Perspektive spricht, wohingegen am Ende es doch wieder der Geist ist, der Geist erkennt, wie es auch in der Subjektivitätsphilosophie heißen könnte. Dennoch hat Welsch einen wichtigen Aspekt freilegen können: Dass nämlich der Verzicht auf die hermeneutische Interpretation von Weltphänomenen im Grunde an deren Strukturen vorbeisieht. Wer wie Welschs *homo mundanus* aufmerksam das, was sich ihm zeigt, wahrnimmt, dem muss auffallen, dass Kognition und Semantik nicht menschliche Produkte sind, die sich über das Seiende legen, sondern einen ontologischen Status haben, also der Welt entsprechen. Die Evolution bildete in Anpassung an das Sein des Lebendigen diese Vermögen aus und diese bildeten wiederum die Strukturen des Lebendigen zu dem, was sie heute sind.

Damit müsste nun aber auch die Evolutionstheorie anders formuliert werden, und in einem weiteren Schritt auch die Astrophysik. Die exzentrische Positionalität des Menschen[42], der über sich hinausdenken kann und sich in die Welt in ihm und außerhalb von ihm hineinversetzt, bedeutet, dass Biologie und Physik die gleichen Grundlagen haben. Eine Philosophie in biologischer Perspektive müsste über sich hinaussehen und nach dem Leben in der Transzendenz menschlicher Lebenswirklichkeit fragen.

Die Suche nach außerirdischem Leben war bisher von wenig Erfolg gekrönt. Spekulierte man in 18. Jahrhundert noch unbefangen über Lebensformen auf dem Jupiter (so Kant in seiner Theorie des Himmels) oder noch bis Anfang des 20. Jahrhunderts über Marsianer und ihre Kanäle auf dem Roten Planeten, so scheint man heute bescheidener geworden zu sein und wäre froh, lebensähnliche Molekülkomplexe oder zumindest die Bedingungen für ihre Entstehung zu entdecken. Aber die Schlussfolgerung daraus ist wohl nur in Darwins Doktrin nachvollziehbar.

Nimmt man an, dass die Einzigartigkeit des Menschen als Vernunftwesen ein reines Trugbild der deistischen Weltanschauung sei und dass dementsprechend alle Ratio

41 Welsch, Mensch und Welt, a. a. O., S. 150.

42 Helmuth Plessner: Die Stufen des Organischen und der Mensch. 3. Auflage. Berlin u. New York 1975.

und Intentionalität aus der Theorie des Universums ausgeschieden werden muss, so erhält man ein physikalisch bestimmtes Weltbild, nach dem alle Phänomene durch Naturgesetze erklärbar sind. Und diese Naturgesetze kann der Mensch (zumindest näherungsweise) erkennen. Warum sollte also nicht auch das, was die Biologie über die Geschichte des Lebens auf der Erde herausgefunden hat, Rückschlüsse auf eine Theorie des Lebendigen erlauben, die nicht nur für den Planeten Erde Gültigkeit haben, sondern sich universalen Prinzipien von Sein und Werden annähern? Die biologische Perspektive könnte also auch die physikalische und astrophysikalische bereichern.

Aus (evolutions-)biologischer Sicht müssen damit Naturgesetze anders verstanden werden als aus physikalischer, weil das Prinzip der Intentionalität nicht nach dem Wechselwirkungsprinzip funktioniert. Alle rein mechanistischen Erklärungsversuche der Geschichte des Lebens greifen zu kurz, wenn sie nicht die Formenvielfalt und Formstabilität berücksichtigen. Lebendige Systeme sind überaus komplex. Die Biologie konnte dabei jenen Blick auf Funktionen freilegen, der durch die Mechanik verstellt war. Die meisten biologischen Theorien gründen nicht auf Gesetzen, sondern auf Konzepten wie Selektion, Anpassung, Artenbildung, Biodiversität und Entwicklung. Viele biologische Phänomene sind außerdem einmalig und individuell.[43]

Mayr plädiert aus diesen Gründen zu Recht für die Autonomie der Biologie, weist aber darauf hin, dass Biologie als Brücke zwischen Natur- und Geisteswissenschaft fungieren kann[44] und dass Gemeinsamkeiten zwischen den Wissenschaften ermittelt werden können, die durch eine Philosophie der Biologie vorbereitet sind, was auch für andere Wissenschaften vorgenommen werden sollte.[45]

Für solche querliegende Bezüge müssten starre Konzepte wie Zufall, Intention und Gesetz aus verschiedenen Perspektiven betrachtet werden.

Zufall spielt in der Theoriebildung der Biologie eine große Rolle, weil weder die natürliche noch die sexuelle Selektion deterministisch erklärt werden können. Sie sind abhängig von einer unübersehbaren und unvorhersehbaren Abfolge von Ereignissen und damit Folge der Wechselwirkung zahlreicher Zufallsfaktoren. „Zufall liegt auch der Variation zugrunde, die zu funktionellen Anpassungen führt."[46]

---

43 Vgl. Mayr, Konzepte der Biologie, a. a. O., S. 48.

44 Ebd., S. 55.

45 Ebd., S. 57.

46 Ebd., S. 54.

Zufällige Ereignisse nehmen wir aber auch als Phänomene der unbelebten Materie wahr, wenngleich wir den Zufall nicht als Prinzip hervorheben, sondern gewohnt sind, auf einfach geordnete, nicht auf komplex strukturierte Phänomene zu blicken. Diese gehen aber vorrangig aus der geordneten Laborsituation hervor und die Übertragung auf universale Prinzipien sollte vorsichtig gehandhabt werden. Was als Naturgesetz erscheint, erklärt das, für dessen Erklärung es angewandt wird. Es erklärt aber nicht alles. Der freie Fall setzt ein Vakuum voraus, das im leeren Raum vorhanden sein mag, aber schon durch die Raumkrümmung in Gravitationsfeldern sich verflüchtigt. Klimatische Veränderungen erreichen sicherlich ähnlich hohe Komplexitätsgrade wie lebendige Systeme, ohne dass man von einem Widerspruch zwischen Zufall und Gesetzmäßigkeit ausgehen müsste. Ebenso das Strömungsverhalten von Flüssigkeiten oder Gasen, mehr noch, wenn man diese systemischen Prozesse in einer Sonne erklären möchte.

Die Physik konnte sehr gut Regularitäten von Systemen entdecken und durch Gesetzmäßigkeiten erklärbar machen. Sie ist aber beschränkt auf die Eingrenzung der Laborsituation und durch ihre Instrumente. Der biologische Blick kann diese Einschränkung zumindest reflexiv thematisieren.[47] Nicht die Anwendung physikalischer Theorien auf organische Phänomene im Sinne einer Totalität wird also weiterführen, sondern der Transfer biologischer Konzepte auf physikalische Phänomene könnte dazu beitragen, dass wir die Komplexität molekularer Systeme auch extraterrestrisch wahrnehmen und erforschen können. Damit ist keine Verlebendigung organischer Materie im Sinne schlichter Analogien und Metaphern gemeint, die zu einer Art neuer Vergötterung des Stellaren führen könnten. Aber die Entzauberung der Materie darf nicht dazu verleiten, dass wir die Augen vor der unglaublichen Komplexität von Systemen verschließen, nur weil wir diese nicht als „lebendig" bezeichnen. Als ob das Zusammenwirken von Abermilliarden Sonnen in galaktischen Systemen weniger komplex wäre als genetische Variationen lebendiger Molekülverbindungen. Gewissermaßen müsste die Grenze der Gaia-Hypothese aufgelöst werden, sodass universale Organismen wahrnehmbar werden, die sich selbst organisieren und so Bedingungen für jene Erscheinungen schaffen, die wir Menschen als Lebendiges wahrnehmen.

[47] Vgl. dazu auch Martin Neukamm (Hrsg.): Darwin heute. Evolution als Leitbild in den modernen Wissenschaften. Darmstadt 2014. Darin v. a. Josef M. Gassner & Harald Lesch: Das aktuelle kosmologische Weltbild. Ein Produkt evolutionären Denkens, S. 51ff.

Die Theorie der Evolution und der Geschichte des Lebens sind anthropozentrisch geprägt, insofern zum einen in menschlichen Zeitdimensionen gedacht wird und Bewegungen damit unter der Perspektive von Raum- und Zeitkategorien wahrgenommen werden, die für das menschliche Erkennen und für seine Gegenstände konstitutiv sind, aber nicht universal Gültigkeit haben müssen. Zum anderen wird von Spezies ausgegangen, welche für den Menschen als Gegenstände des Lebendigen erscheinen und deren Entwicklung in einem Kampf um die Existenz gestellt wird, der vielleicht mehr der menschlichen Existenzerfahrungen des 19. und 20. Jahrhundert entspricht. Vielleicht sind es aber jene räumlichen und zeitliche Kategorien unseres Verstandes, welche uns Veränderungen in anderen als den uns gewohnten terrestrischen Dimensionen nicht als komplexe Systeme wahrnehmen lassen. Eine astrobiologische Sicht könnte so den Fokus mehr auf Beobachtungen legen, welche Funktionen entdecken kann im bisher als nur funktionslos beschriebenen Geschehen im Universum.[48]

Abbildung 5: Mithilfe des Spitzer-Weltraumteleskops konnten Bausteine des Lebens im jungen Universum nachgewiesen werden.

[48] Zum Feld astrobiologischer Forschung vgl. zum Beispiel Aleksandar Janjic: Astrobiologie – die Suche nach außerirdischem Leben. Berlin 2019.

Was auf der Erde geschieht und von Menschen beobachtet werden kann, wäre dann nicht mehr etwas Außergewöhnliches, sondern die Aktualisierung von Möglichkeiten, die universal vorhanden sind. Leben ist die Konkretisierung von Prinzipien, welche überall Gültigkeit haben. Es müsste hier eine Ontologie entstehen, die sich nicht beschränkt auf das Dasein des Planeten Erde, vielmehr dieses Dasein als Fortführung eines Seins begreift, das im Universum entstanden ist, somit nur als universales Sein verstanden werden kann.

Diese Sicht ist nicht ganz neu und prägte das metaphysische Denken, welches das Jenseitige der menschlichen Vorstellungswelt mitbedenken wollte. Die platonische Kosmologie kann an dieser Stelle exemplarisch für diese Sicht genannt werden, welche die Welt erklärbar machen wollte aus einer begrenzten Anzahl an unveränderlichen Ideen, die den Kosmos insgesamt bestimmen. Aber ein solcher Essentialismus widerspricht dem evolutionsbiologischen Prinzip der Variabilität, da im typologischen Denken kein Platz für Variationen ist. Nimmt man den Ansatz einer Astrobiologie ernst, muss man Variabilität als universales Prinzip annehmen. Und dieses Prinzip entspricht dem, was wir Menschen beobachten können, wenn wir in die Tiefen des Alls blicken. Denn im Universum herrscht nicht die Einfachheit weniger immer wiederkehrender Systeme, sondern die Vielfalt der Erscheinungen. Keine Galaxie gleicht der anderen, sie formt sich aus der höchst individuellen Struktur der Verdichtungen von Quantenstrukturen zu Sonnen unterschiedlichster Zusammensetzung. Die Komplexität von Galaxienfeldern, die wir im *deep field* wahrnehmen können, haben wir dabei noch gar nicht richtig verstanden. Die Theorie unendlicher Universen schließlich würde dieses Prinzip der Variabilität nur untermauern.

Ein zweites Prinzip ergibt sich durch die Intentionalität, welches nicht mit einem menschenähnlichen Willen gleichgesetzt werden darf, sondern die Tendenz zur Weiterentwicklung meint. Auch dieses beobachten die Astronomen immer genauer, wenn sie von einem Anfang der Entwicklung des Universums ausgehen, der nicht zu einem Stillstand führen kann, sondern Anlagen und Potenziale weiterentwickelt, von der Zusammenhaltung elementarer Energie zu atomaren Massen bis zur Entstehung der Elementarteilchen und der Grundbauteile der Materie. Die Dynamik dieser Entwicklung zu etwas, was wir organische Materie nennen, ist im Grunde genommen aus dieser Perspektive betrachtet kein singuläres Ereignis, sondern die Konsequenz dieses Prinzips universaler Evolution.[49]

Das letzte hier zu diskutierenden Prinzip ist zugestandenermaßen Ergebnis einer gewagten Spekulation, die das Prinzip der Ästhetik mit der Autopoiesis lebendiger Systeme in Verbindung bringt. Auch dieses ist eng verknüpft mit älteren metaphysischen Denkweisen etwa in der Sphärenharmonie der platonischen Körper. Aber es kann auch modern gedacht werden als Reflexion auf den Beobachter, der die korrespondierenden Erkenntnismethoden ausgebildet hat. Evolutionär sind nicht nur im Menschen, sondern in unterschiedlichen Lebensformen Organe entstanden, welche Welt wahrnehmbar machen. Die Aisthesis ist nicht nur anthropozentrisch, sondern entwickelt sich in einem Bios, der selbst wiederum im Feld von Variabilität und Intentionalität sich herausbildet und darum ebenso als ein universelles Prinzip beobachtet werden könnte: Formen, die sich zeigen und zum Wahrgenommenwerden tendieren.

Der Ausblick in die sogenannten Tiefen des Weltalls führt an dieser Stelle zu Vermutungen, die dazu anregen sollen, die Existenz des Lebens nicht als Sonderfall im Universum, vielmehr als universales Prinzip zu betrachten. Wir sind jedoch (noch) nicht in der Lage, aus unserer ptolemäischen Schale richtig hinauszublicken, wie es das bekannte Bild neuzeitlichen Denkens suggeriert. Denn wir können zwar Lichtphänomene und Radiowellen wahrnehmen, die Auskunft über Zustände am Anfang des uns bekannten Universums geben. Aber wir können nicht genauer in Räume und Welten jenseits unserer Lebenswelt blicken. Bereits Beobachtungen auf den Nachbarplaneten der Erde erweisen sich als überaus schwierig. Aber auch auf der Erde sind den Beobachtungen Grenzen gesetzt, weil wir die Oberfläche der Dinge nur aus unserer Perspektive wahrnehmen können und das Weitere durch Rückschlüsse daraus interpretierend ableiten müssen. Wir richten uns nach Inzidenzen aus, können aber nicht erkennen, was diese Marker tatsächlich anzeigen. So ist die Vermutung, dass es Strukturen für Leben im All gibt, alles andere als eine unwahrscheinliche Behauptung, auch wenn wir nicht in der Lage sind, diese Strukturen mit unseren Mitteln wahrzunehmen.

---

[49] Vgl. dazu auch Frido Mann & Christine Mann (Hrsg.): Im Lichte der Quanten. Konsequenzen eines neuen Weltbildes. Darmstadt 2021.

Darwins Doktrin darf also nicht dazu verleiten, den Blick zu verschließen und in dieselbe Falle wie die theologische Erklärung der Genesis zu tappen: Nämlich die Erde als außergewöhnlichen Ort im Kosmos zu bestimmen. Das Erstaunliche des Lebens besteht vielmehr darin, dass es nach wie vor existiert und dass es Lebewesen gibt, die sich selbst darin erkennen können, vielleicht nicht nur auf der Erde.

Abbildung 6: Edward Coley Burne-Jones: Sisyphus (1870)

Leben um des Lebens willen. Absurdität und Weltvertrauen nach Camus

Schwermut

Schreiten Streben
Leben sehnt
Schauern Stehen
Blicke suchen
Sterben wächst
Das Kommen
Schreit!
Tief
Stummen
Wir

(August Stramm)[50]

Nachdem die einstigen Symbole metaphysischer Ordnungen ihre regulative Funktion innerhalb der Institutionen menschlichen Zusammenlebens verloren und damit ihre Deutungsmacht für den Alltag eingebüßt haben, steht dem modernen Menschen eine Wirklichkeit gegenüber, die ihm zwar eine Lebenswelt bietet und Umwelt für seine tagtäglichen Verrichtungen ist, aber nicht mehr mit über sie hinausreichenden Zeichen und Bedeutungen übersät ist. Es gibt auch in den

50 August Stramm: Schwermut (Original 1914). In: Menschheitsdämmerung. Ein Dokument des Expressionismus. Neu herausgegeben von Kurt Pinthus. Hamburg 1988, S. 74.

Lebenswelten sicherlich immer noch Sinnprovinzen, für den Einzelnen wie für soziale Gruppen. Solche symbolischen Sinnwelten können jedoch nicht mehr mit dem Anspruch auftreten, selbstverständlich gültig zu sein. Sie stehen ständig unter Legitimationszwang, müssen begründet und gerechtfertigt werden, ohne dass sie von vornherein in ihrer Geltung hingenommen werden. Man gesteht Einzelnen zu, dass sie für ihr Lebensglück derartige Produktionen ihrer Einbildungskraft brauchen, zugleich wird solchen sinnstiftenden Deutungen aber unterstellt, dass sie im Grund nichts anderes als kulturelle Projektionen sind, welche die tatsächliche Wirklichkeit überlagern und überformen und den Einzelnen sogar über die wirklichen Begebenheiten täuschen können.

Von dieser Warte aus betrachtet, scheint ein begründetes Vertrauen in die Welt nicht mehr möglich, da diese als reine Wirklichkeit nur der Schauplatz für aus menschlicher Natur oder Not geborene Symbole ist, nicht jedoch der Boden, aus dem diese erwachsen könnten. Auf der einen Seite befindet sich der Mensch mit seinen individuellen Sinnschöpfungen. Auf der anderen Seite steht eine zusammenhangslose Wirklichkeit, an welcher sich der Illusionist immer wieder stößt und welche ihn in das Reich der Tatsachen zurückholt.

Der Mensch gerät in diese zwiespältige Situation, wenn er sich den Wirklichkeitscharakter der Welt bewusst machen will, das heißt, wenn er die Welt als Wirklichkeit auslegt und seine Weltdeutungen als reine Versuche einer Sinnschöpfung ohne Geltungsanspruch und ohne Realitätsgehalt aufdeckt. Er kann sich nicht mehr als Weltdeuter sehen, als jemand, der einem verborgenen Sinn auf der Spur ist und in seinem Denken zum Ausdruck bringen kann. Er verliert alle bisherigen Orientierungen, insofern er sich in einem unendlichen Universum ohne Ziel und Zweck wiederfindet, das nicht nach seinem Willen geordnet ist, vielmehr nur in willkürlichen Anordnungen als Zufallsprodukt in der unübersehbaren Fülle möglicher Universen entsteht und vergeht.

In dieser misslichen Lage, die von dem Widerspruch zwischen menschlichem Orientierungsstreben und dessen universellem Entzug gezeichnet ist, verliert der nachdenkende Mensch jede Hoffnung, für sein eigenes Leben verbindliche Maßstäbe finden zu können. Albert Camus hat diese Erfahrung in seinem großartigen Sisyphos-Essay folgendermaßen charakterisiert:

> „Eine Welt, die sich – wenn auch mit schlechten Gründen – deuten und rechtfertigen lässt, ist immer noch eine vertraute Welt. Aber in einem

Universum, das plötzlich der Illusionen und des Lichtes beraubt ist, fühlt der Mensch sich fremd. Aus diesem Verstoßen-sein gibt es für ihn kein Entrinnen, weil er der Erinnerung an eine verlorene Heimat oder der Hoffnung auf ein gelobtes Land beraubt ist. Dieser Zwiespalt zwischen dem Menschen und seinem Leben, zwischen dem Schauspieler und seinem Hintergrund ist eigentlich das Gefühl der Absurdität."[51]

Das Gefühl der Absurdität ist nicht gleichzusetzen mit seinem Begriff. Es lässt sich nicht vergegenständlichen, sondern spiegelt eine Erfahrung des modernen Menschen wider. Das Absurde bleibt unfassbar, dennoch bedrängt es das Denken. Die Aufdeckung der Wirklichkeit in ihrer reinen, unbekleideten Erscheinungsweise, ist für den Menschen also kein Triumph seiner Erkenntnisfähigkeit. Die Wahrheit bereitet ihm weder Genuss noch initiiert sie die Abkehr von einem schlechten Leben und das Bekenntnis zum Guten. Wer die Wirklichkeit jenseits aller Illusionen und vielsagenden Metaphern erkennt, befindet sich nicht in einer erhabenen Position. Er wird aus dem Paradies einer sinnvoll geordneten Welt vertrieben und in den Abgrund seiner eigenen Unbedeutendheit gestoßen.

Diese über den Menschen einbrechenden Transformationen aller Grundlagen des Denkens treffen nicht deswegen ein, weil die Welt mit einem Male in einem anderen Licht erscheint. Sie ergeben sich vielmehr daraus, dass alles, was bisher mehr oder weniger zur Deutung der Wirklichkeit herangezogen werden konnte, nur noch als Täuschung entlarvt werden kann. Das Gefühl der Absurdität, das nach Camus einen beliebigen Menschen an einer beliebigen Straßenecke anspringen kann, formt kein tragendes Fundament, das aufscheint, wenn man alle vorläufigen Ansichten hinter sich lässt und zur wahren Weltsicht vordringt. Es bleibt nichts übrig. Und mit dem menschlichen Sinnentzug wird auch alles andere seiner Sinnhaftigkeit beraubt. Das Universum erscheint wie man selbst fremd. Man kann darin keine Bedeutungen entdecken, die sinnstiftende Resonanzen hervorbringen.

Wie konnte es dazu kommen, dass diese tragische Haltung, die den faden, für Sartre ekligen Beigeschmack der Beliebigkeit allen menschlichen Sinnens und

51 Albert Camus: Der Mythos von Sisyphos. Original: Le Mythe de Sisyphe 1942. Hamburg 1986, S. 11.

Handelns hinterlässt und nichts anderes aufdeckt als eine irgendwie zu betäubende Gleichgültigkeit, nicht mehr das Produkt einiger weltverdrossener Zyniker ist, sondern nun eine Geltung für sich beansprucht, die in ihrem Ausmaß die ungeheuren metaphysischen Spekulationen der Vergangenheit in den Schatten stellt? Wie ist es möglich, dass sich Menschen dermaßen irren und bis zu einer, wie auch immer gearteten epochalen Wende, im Schlummer schöner Täuschungen ruhen konnten, während die Wirklichkeit doch immer schon unbeeindruckt vom menschlichen Treiben und vor aller Erkenntnis bestand? Warum möchte man dieses sinnlose Treiben weiter auf sich nehmen, obwohl es doch im Grunde keinen Ausweg gibt außer dem Tod?

Man kann Camus in diesem Sinne als Zeitzeuge des Scheiterns der Moderne lesen. Mehr noch als bei Sartre, der in der *literature engagé* einen Ausweg aus der allgemeinen Orientierungslosigkeit sah, kommt bei Camus das Gefühl einer hoffnungslosen Verlorenheit zur Sprache, die kennzeichnend für die Bewegung des französischen Existenzialismus war. Die Absurdität wird als Grundstimmung des modernen Denkens herausgestellt. Es gibt keine Ordnung der Welt, an die man glauben könnte, keinen Einklang von Sein und Seienden, keinen guten, harmonischen Rhythmus der verschiedenen Sphären, sondern nur noch den Missklang, das Chaos, die Differenz. Der Verlust des Vertrauens in das Sein der Welt kehrt alles um. Am Anfang steht nicht die Geborgenheit des Weltvertrauens, sondern am Anfang steht das *Klima der Absurdität.*[52]

Was mit Camus zur Sprache kommt, ist der radikale Vertrauensbruch, von dem das Denken der Moderne bestimmt ist. Im Mittelpunkt der neuzeitlichen Bemühungen steht das Ich, nicht die Welt. Es ist eine Bewegung der Subjektivität. Descartes bringt diese Bewegung mit seinem *ego cogito, ego sum* auf den Begriff. Das Denken der Griechen oder der mittelalterlichen Scholastik als ein vertrauensvolles Denken fällt mit dem Grundsatz der Neuzeit: „Wissen ist Macht“ (Francis Bacon). Nicht der Kosmos oder die Schöpfung bestimmen den Menschen, sondern Wissen und Macht. Die Welt soll in die menschliche Hand gelegt werden. Das bedeutet auch: Man vertraut ihr nicht mehr, vielmehr konstruiert man sich die Welt nach seinen Vorstellungen, um das Vorhandene besser zu machen, um die Begebenheiten für menschliche Zwecke zu optimieren und schließlich auch, um sich selbst

---

[52] Ebd., S. 16.

zu perfektionieren. Eine Welt mit eigenem Sinn stünde ihrer Kultivierung nur im Wege.

Während Descartes noch mittels der Methode des Zweifels einen Grund zu entdecken vermeinte, nämlich das Ich, Hegel dieses Ich als Träger des absoluten Geistes im Selbstbewusstsein setzen konnte, erfährt es im 19. Jahrhundert seine endgültige Erschütterung mit Schopenhauer, Nietzsche und Kierkegaard, welche auf den Existenzialismus vorausdeuten. Descartes als Anfang und Camus als Ende eines Denkweges stecken den Weg ab. Beiden geht es um das Selbst. Descartes denkt das Problem der Selbstbegründung, Camus das Problem des Selbstmordes, das für ihn angesichts des Absurden das einzig echte philosophische Problem ist.

Camus kehrt die Methode der Subjektivierung also um, indem er ein „Klima der Absurdität" an den Anfang stellt, welches sich nicht vergegenständlichen und in Systemen der Welterkenntnis bändigen lässt. Dieses „Klima" deutet auf eine Stimmung, die nicht vom Subjekt abhängig ist, sondern launisch wie das Wetter über einen einbricht, einen ergreift und ihn bestimmt. Man kann das Klima nicht beherrschen, sondern muss sich daran anpassen. Es ist die Lebensgrundlage für unsere Existenzform, die sich darauf einzustellen hat. Die Erfahrung der Ohnmacht des Menschen angesichts dieses Klimas der Absurdität initiiert demnach ein Denken, das sich gegen diesen Sinnentzug auflehnen muss. Man muss dem Absurden ins Auge sehen, aber man braucht das offensichtliche Chaos nicht anzuerkennen. Nach Camus ist demnach eine der wenigen philosophisch stichhaltigen Positionen die Revolte als „ständige Konfrontation des Menschen mit seiner eigenen Dunkelheit."[53]

Nur wer sich zutraut, die Sinnlosigkeit und die Tragik seiner Existenz einzugestehen, bewahrt sich seine Würde. Andere Versuche führen in die Verzweiflung, deren letzte Konsequenz der Selbstmord wäre. Das höchste Glück des Menschen liegt darum im Bewusstsein desjenigen Schauspiels, dessen tragischer Held die Vernunft ist: „Für einen Menschen ohne Scheuklappen gibt es kein schöneres Schauspiel als die Intelligenz im Widerstreit mit einer ihm überlegenen Wirklichkeit."[54]

---

53 Ebd., S. 49.

54 Ebd., S. 50.

Die Revolte ist nach Camus die einzige Möglichkeit sich seine Freiheit zu bewahren. Sie verheißt dem Individuum, das sich in einem ihm und seinem Verlangen nach Sinn fremden Universum findet, Hoffnung. Das Absurde Theater hat diese Thematik aufgegriffen und die Stücke Samuel Becketts veranschaulichen diese Konstellation. Die Linie führt bis zur Postmoderne, die ihrem Ursprung nicht zufällig in der Kunst hat. Der Grundsatz der Postmoderne lautet: *Faites vos jeux*. Die menschliche Wirklichkeit ist nur ein Spiel, darum ist alles erlaubt. Das Spiel ist nichts anderes als die Konsequenz aus der Revolte, denn auch die Grundlagen des eigenen Verhaltens müssen ständig zerstört werden. Jeder Satz ist ein Universum, das auch anders formuliert werden könnte. Was bleibt ist der Widerstreit im Sinne Lyotards. Unentscheidbar bleibt dabei die Frage nach einem Sinn der Revolte. Auch dieser kann nur eine Art von Irrtum sein, eine Täuschung des Menschen, der mehr will als das einfache Leben, weil er mehr zu sein glaubt, als er ist.

Das abgründige Denken fordert das Leben, weil das Leben das Einzige ist, was man hat und dem man vertrauen kann. Der Vertrauensverlust und das Misstrauen gegen Kosmos und Genesis führen mit Camus zu einer einfachen Erkenntnis mit großer Tragweite: Man lebt nur einmal. Mit aller Leidenschaft fordert das von Illusionen befreite Denken darum das Leben. Der einzige Grund, sich nicht umzubringen, ist der Wille zum Leben und dessen einzigartige Schönheit. Der Aufschrei des abgründigen Denkens heißt darum: Ich will leben trotz des Missklanges, trotz der Absurdität. Dieses Postulat entspricht der Haltung des Sisyphos. Er ist im Mythos dadurch charakterisiert, dass er das Leben liebt und in vollen Zügen genießt, aber nicht hinnehmen will, dass er sterblich ist. Der Zugang zum lichten Olymp der Götter bleibt ihm verwehrt. Seine Schuld beginnt mit der Auflehnung gegen diese Zumutung zu fühlen, dass Leben mehr ist als nur bloßes Sein, dieses aber nicht erkennen zu können.

> „Als er […] diese Welt noch einmal geschaut, das Wasser und die Sonne, die warmen Steine und das Meer noch einmal geschmeckt hatte, wollte er nicht mehr ins Schattenreich.“[55]

Die schlimmste Strafe wäre die Verdammnis in ein Leben ohne Licht. Aber im Mythos sind die Götter milde und lassen Sisyphos im Freien. Seine Strafe, ewig

[55] Ebd., S. 98.

einen Felsblock einen Berg hinaufzuwälzen, der jedes Mal wieder ins Tal rollt, bevor er den Gipfel erreicht hat, ist überschaubar. Sisyphos weiß, dass zwischen Aufstieg und Fall ein kurzer Moment kommen wird, in dem Mühe und Lust in der Schwebe bleiben. Seine verborgene Freude besteht darin, den Felsen als seine Sache anzuerkennen und zu wissen, dieses Schicksal gehört ihm. Leben bedeutet sein Schicksal zu werden.

> „Gerade in diesem Augenblick, in dem der Mensch sich wieder seinem Leben zuwendet (ein *Sisyphos*, der zu seinem Stein zurückkehrt), bei dieser leichten Drehung betrachtet er die Reihe unzusammenhängender Taten, die sein Schicksal werden, seine ureigene Schöpfung, die in seiner Erinnerung geeint ist und durch den Tod alsbald besiegelt. Überzeugt von dem rein menschlichen Ursprung alles Menschlichen, ist er also immer unterwegs - ein Blinder, der sehen möchte und weiß, daß die Nacht kein Ende hat. Der Stein rollt wieder.“[56]

Sisyphos lehrt so die größere Treue,

> „die die Götter leugnet und die Steine wälzt. Auch er findet, daß alles gut ist. Dieses Universum, das nun keinen Herrn mehr kennt, kommt ihm weder unfruchtbar noch wertlos vor. Jeder Gran [sic.] dieses Steins, jedes Splitter dieses durchnächtigten Berges bedeutet allein für ihn eine ganze Welt. Der Kampf gegen Gipfel vermag ein Menschenherz auszufüllen.“[57]

Die Zuwendung zum Leben regeneriert ein Weltvertrauen, welches Wege aus einer nihilistischen Weltanschauung aufzeigt, die als Orientierung einer Philosophie der Absurdität zu vermuten gewesen wäre. Als radikaler philosophischer Nihilist negierte zum Beispiel Nietzsche jegliche Werte und Moralvorstellungen, verneinte die Möglichkeiten von Erkenntnis und Wahrheit, kritisierte jegliche metaphysischen Spekulationen als Irrglaube und postulierte die absolute Sinnlosigkeit des Lebens. Nietzsche jedoch will die Setzung des Nichts als positive Kraft, indem er

56 Ebd., S. 101.

57 Ebd.

die „ewige Wiederkunft des Gleichen" bejaht, d. h. indem er die Sinnlosigkeit akzeptiert und liebt. Sein Grundsatz ist „Amor fati". Die Liebe zum Abgrund führt zur höchsten Freiheit und zur Wiedererlangung der Unschuld des Werdens: ein Tanz am Abgrund des Todes, der sich allen Festlegungen entzieht. Es gibt keinen Einklang des Menschen mit dem Universum, sondern nur den Schrei, der den Schrecken der Welt wie das Erschrecken darüber zum Ausdruck bringt. Alles ist sinnlos, trotzdem will ich leben.

Das Wesen dieser existenziellen Revolte ergibt sich einerseits aus der Anerkennung der Absurdität (man muss lernen dem Absurden ins Auge zu sehen), andererseits aus der Auflehnung gegen das Unvermögen, Wahrheit zu erkennen. Das Leben um des Lebens willen anzuerkennen, hat allerdings einen Beiklang, der eine neue Dimension eröffnet und hilft, dem Abgrund zu trotzen. Indem der Mensch in der Revolte lernt, zum Leben erneut Vertrauen zu fassen, erkennt er die Sonne wieder und kann der Dunkelheit trotzen.

> „Diese Gegenrichtung, dieser Geist, der dem Leben Maß gibt, ist derjenige, der die lange Überlieferung dessen erfüllt, was man das Sonnendenken nennen kann, in welchem, seit den Griechen, die Natur stets mit dem Werden im Gleichgewicht stand."[58]

Der Einfall des Sonnendenkens in die Überlegungen des radikalen Denkers der Absurdität und die Umkehr des Blicks zu einem neuen Weltvertrauen, zur schlichten und gegenstandslosen Nennung des Lichts, überrascht. Sie lässt nicht nur die menschliche Existenzform, sondern auch die Reflexion des Absurden in neuem Glanz erscheinen und findet im Leben etwas Universales, welches gar nicht gesucht wurde. Das Werden ist mehr als nur Sein in der Zeit. Es ist Leben, das sich entwickelt und entfaltet und über den Menschen hinausgeht. Die Revolte ermöglicht eine Reflexion über das Ich hinaus, die sich nicht in nihilistischen Vorstellungen eines sinnentleerten, dunklen Universums verdichtet. Vielmehr empfängt sie etwas, was wahrgenommen wird, ohne konstruiert zu sein. Ohne Licht kann nichts existieren und es kann auch nichts wahrgenommen werden. Das Licht schafft also noch in seinem Entzug jenes Klima der Absurdität, welches die

[58] Albert Camus: Der Mensch in der Revolte. Original: L'Homme révolté 1951. Hamburg 1988, S. 242.

Bedingung der Freiheit und des Glücks ist. Das Sonnendenken versöhnt nach Camus den Menschen mit dem Sein im Leben und lässt ihn im Klima der Absurdität überleben.

Wir dürfen uns nach Camus Sisyphos als einen glücklichen Menschen vorstellen.

Abbildung 7: Der nächste Schritt in der Evolution.

Über Maschinen und Viren. Schwellen zum Leben

„Einer nicht-organischen künstlichen Intelligenz hingegen wird es viel leichter fallen, fremde Planeten zu besiedeln. Organisches Leben durch anorganische Wesen zu ersetzen könnte deshalb die Saat zu einem künftigen galaktischen Imperium legen, das von Leuten wie Lieutenant Commander Data und nicht von Captain Kirk regiert wird."[59]

1 Physis und Poeisis

An den Grenzbereichen des Lebendigen lassen sich Phänomene reflektieren, welche die Differenzierung zwischen organischer und anorganischer Materie fragwürdig werden lassen und damit eine Kosmologie diskutabel machen, welche das Unbelebte in den Vordergrund stellt, wohingegen Lebendiges als große Ausnahme im Universum erscheint. Statt exklusiv das eigene Leben territorial zu definieren, das in den atmosphärischen Grenzen des blauen Planeten bleibt, könnte man ebenso gut verschiedene Möglichkeiten annehmen, von denen sich einige dann im Besonderen auf der Erde realisiert haben. Die Möglichkeit, komplexe Molekülverbindungen in einer evolutionären Dynamik hervorzubringen, ist so gesehen eine Möglichkeit unter vielen, die wir wahrnehmen können, weil sie auch uns Menschen als Lebewesen betrifft. Als Möglichkeit muss sie aber bereits im Sein angelegt sein, will man keine spontane Schöpfung aus dem Nichts annehmen, welche aus einer unmöglichen Situation entstanden ist. Daneben gibt es unzählige weitere Möglichkeiten, welche wir aber weder wahrnehmen noch begreifen können; aber wir ahnen, dass auch diese von einer zugrundeliegenden Intentionalität

[59] Yuval Noah Harari: Homo Deus. Eine Geschichte von Morgen. Original: Homo Deus. A Brief History of Tomoro. 2. Auflage München 2017, S. 67.

geformt werden. Und ebenso ist denkbar, dass sich Leben in anderen Zeiträumen des Universums gebildet hat oder noch bilden wird, weil es die Möglichkeit zum Leben gibt. Die Grenzen zwischen Belebtem und Unbelebtem, Organischem und Anorganischem, komplexen und einfachen Systemen werden damit fließend. Sie verschieben sich oder lösen sich gar auf, wenn man diese Phänomene nicht als klar umrissene Gegenstände betrachtet, sondern die Phänomene mit anderen Aufmerksamkeiten angeht.

Zwei solche transformatorischen Phänomene stehen besonders im Fokus: Zum einen Viren, die den Menschen nicht erst mit SARS-CoV-2 existenziell betreffen. Zum anderen Maschinen, da sie als heiße Kandidaten für den nächsten Evolutionssprung gehandelt werden. Beiden gemeinsam ist ihr nebulöses Hybridwesen: Sie können sowohl den Gegenständen der belebten als auch der unbelebten Existenzen zugeordnet werden, weshalb ihre Identität nicht eindeutig bestimmbar ist.

So behaupten Geschichtsphilosophen und Technikbegeisterte wie Technikskeptiker, die menschliche Spezies sei gerade durch ihre Technisierung dermaßen in Veränderung begriffen, dass Hybridwesen mit technischen Organoptimierungen sich weiter fortpflanzen werden oder dass technische Systeme so autark werden, dass sie sich selbst optimieren können.[60] Maschinenwesen werden sich bald als fitter im Kampf um die Existenz erweisen. Und sobald sich die menschliche Lebensform aufgrund von Krankheiten und klimatischen Veränderungen nicht mehr gegen die anderen Lebensformen durchsetzen kann, stehen neue bereit, die eventuell weniger der vorhandenen Nahrung benötigen und sich als intelligenter erweisen.

Jetzt schon entstehen Optimierungen im menschlichen Leben, welche sich als durchschlagskräftiger erweisen könnten als die durch natürliche Anlagen gegebenen Fähigkeiten. Computersysteme spielen besser Schach als Menschen. Sogar in der lange als uneinnehmbar geltenden Domäne „Go" wurde der menschliche Meister geschlagen. Die KI entwickelt sich zu selbständigen Lernsystemen, welche die menschliche Lernkapazität nicht nur potenziert, sondern übersteigt. In hybriden Formen etablieren sich neue komplexe Strukturen, die sich als besser an die Lebenswirklichkeit angepasst erweisen als die alten Strukturen oder die schöner

[60] Siehe zum Beispiel Harari: Homo Deus. Eine Geschichte von Morgen, a. a. O.; Max Tegmark: Leben 3.0. Mensch sein im Zeitalter künstlicher Intelligenz. Original: Life 3.0. 2. Auflage Berlin 2017.

erscheinen und so die Aufmerksamkeit auf sich ziehen in einer Art künstlich-ästhetischen Attraktion.

Der Mensch schafft sich ab und der letzte Mensch nach Nietzsche wird nicht mehr merken, dass er der Letzte ist. Kulturelle Erinnerungsorte wie der Terminator oder die Matrix verfestigen diese Überzeugung, die im Grunde schon immer zum Reservoir menschlicher Utopien bzw. Dystopien gehört. Man denke an den Mythos von Pygmalion, der den neuen Menschen nach seinem Abbild ins Leben setzen wollte. Frankensteins Monster ist in dieser Reihe der romantische Archetyp eines Artefaktes, dem Leben eingehaucht (gewissermaßen einelektrifiziert) wird und damit die Schwelle zwischen Leben und Tod durch Menschenhand verschiebbar macht. Verschiebbar ist sie aber vor allem deswegen, weil sie selbst ein Artefakt ist, nämlich eine künstliche Bedeutungszuschreibung, die aus vorherrschenden Formen der Vergegenständlichung resultiert.

Maschinen können naturgemäß nicht als lebendig bezeichnet werden, wenn man sie als Produkte menschlicher Kultur betrachtet. Sie sind Artefakte, etwas Hergestelltes, das sich selbst nicht fortpflanzen kann und keine Geschichte hat. Die Genese technischer Produkte ist nicht zu trennen von der menschlichen Geschichte und würde nicht als Evolution bezeichnet werden. Dennoch sind mit den komplexen Funktionen technischer Artefakte die Existenzformen von Schöpfer und Geschöpf nicht mehr so eindeutig voneinander unterscheidbar, wie es die Tradition der antiken Unterscheidung zwischen *physis* und *poiesis* Glauben machte, vor allem in der Opposition von *natura* und *cultura*, wonach das von Menschen Gemachte das Produkt menschlicher Erfindungsgabe und handwerklich-technischer Vermögen ist, gewissermaßen geniales Werk (im Wortsinne der Ingenieurskunst), wohingegen das Natursein dieses Mediums nicht weiter in diesem Zusammenhang thematisiert wird.

Damit schafft der Mensch eine völlig neue Existenzform, nämlich die kultureller Artefakte und technischer Dinge, die nun selbständig zu werden scheinen und ihren Schöpfer hinter sich lassen. Das Gerüst dieser Selbstauslegung ist inzwischen in mehrfacher Hinsicht brüchig geworden:

- Auch Tieren muss eine Intelligenz beim Bau von Artefakten zugestanden werden. Viele „höhere" Tierarten entwickeln Formen von Kultur, die in der Komplexität zwar nicht mit menschlichen Kulturen vergleichbar sind, aber Umwelten zu angepassten Lebenswelten gestalten. Technik und Kultur gehört also zu

den Ausdrucksformen des Lebendigen, die sich in der menschlichen Lebensform auf eine – nur aus unserer Sicht – besonderen Weise realisiert haben.
- Die Natur des Menschen und mit ihm die *physis* seiner Möglichkeiten wird in einem Kontext gesehen, der nicht mehr als „Geist" bezeichnet wird. Gemeint ist mit diesem Paradigmenwechsel kein schlichter Materialismus, eher eine materielle Vergeistigung oder eine Bewusstseinstheorie, welche Wissen und Sein dialektisch zusammendenken will. So verlieren aber auch die Produkte menschlicher Bewusstseinstätigkeit ihre Exklusivität.
- Die Rückwirkung technischer Errungenschaften auf die Natur oder auf das Wesen ihrer Erfinder*innen setzt eine lange Zeit nicht für möglich gehaltene Dynamik in Gang, welche man als Epochenwandel bezeichnen kann. Wenn technische Artefakte mit natürlichen Dingen in Wechselwirkung treten, so kann nicht mehr von unterschiedlichen Existenzformen gesprochen werden, da Transformationen auch rückwirkend Veränderungen voraussetzen, ohne die sie nicht aktiv werden könnten.

Technische Funktionen können also sehr wohl als evolutionäre Veränderungen betrachtet werden, welche zu besseren Anpassungen an die Umwelt im Zeitalter des Anthropozäns führen. Ein Implantat ist eine Organentwicklung, welche ebenso als lebendig zu bezeichnen ist wie das originäre Implantat, wenn es eine Verbindung mit dem Körper eingegangen ist. Wir haben uns schon längst an künstliche Herzklappen und Hüftgelenke gewöhnt. Diese verändern die Lebenserwartung und machen uns auch im Alter widerstandsfähiger. Künstliche Gebisse und Zahnimplantate lassen uns das biologische Altern hinauszögern. Prothesen gleichen das Handicap durch beschädigte Gliedmaßen aus. Brillen kompensieren die Sehschwäche. Hörgeräte die Taubheit. Und demnächst wird auch der Tastsinn durch technische Hilfsmittel verbessert werden können. Einzig der Geruchssinn scheint von Natur aus so stark, dass er noch nicht potenziert wurde. Die technische Selbstoptimierung betrifft ebenso die Gestaltung des eigenen Körpers zur Steigerung der Attraktivität. All das, was hier nur exemplarisch genannt wurde, trägt mit dazu bei, dass diese Funktionen der Selbstoptimierung Vorteile verschaffen und in der Generationenfolge verstärkt werden.

Dabei gibt es keinen prinzipiellen Unterschied zwischen der natürlichen und der kulturellen Evolution, sofern man davon ausgeht, dass die Intention, Lebensformen zu verbessern, den grundlegenden Antrieb der Evolution bildet und das

Ringen um Aufmerksamkeit sein ästhetisches Pendant. Warum sollte also eine Brille hinsichtlich ihrer Existenzform grundlegend anders sein als die Linse im Auge? Wird ein Implantat erst im Körper oder mit dem Körper lebendig, auch wenn es vorher vom Menschen gezüchtet wurde? Wie kann etwas vorher anorganisch sein, dann vom Menschen gemacht verlebendigt und schließlich wieder tot, sobald es seine Verbindung zum Menschsein verliert? Auch der Grad der Komplexität der jeweiligen Molekülverbindungen ist kein schlagkräftiges Argument, da es zum einen nur quantitativ gelten könnte, zum anderen durch hochkomplexe Strukturen technisch produzierter Artefakte auch graduell nicht zutrifft.

Der Mensch als Erfinder und Schöpfer kann nur das schaffen, was potenziell in ihm bereits angelegt ist. Er verändert und gestaltet Existenzformen nach seinen Vorstellungen, aber er kreiert damit nicht etwas Seiendes aus dem Nichts. Sieht man von den Vergegenständlichungen ab, die klare Konturen von Naturdingen, Lebewesen und Artefakten unserer Wahrnehmung gemäß sichtbar machen, aber nur vorhanden sind, weil diese zu solchen für uns prägnanten Konturen geformt werden, so gibt es die Existenzform der „Technik" ebenso in der menschlichen Kultur als auch der Natur gemäß. Die Differenzierung zwischen Natur und Technik erzeugt und verteidigt also eine Grenze zwischen beherrschbaren Kulturprodukten und unverfügbarer Kontingenz. Diese markiert aber nur das menschliche Streben nach Unabhängigkeit, welches sich in seinen Abgrenzungen zum Nichtmenschlichen äußert. Der Mensch will *selbst* sein und sich als eine Person erfahren, deren Bewusstsein auf sich bezogen ist. Diese Angst vor dem Tod treibt ihn dazu, seine Werke als eigene Existenzform zu definieren, die ihn vor der Auslöschung schützt. Er will nicht gelassen anerkennen, dass diese Produkte durch ihn hindurchgehen, er Medium, nicht aber Genius ist.

2 Die Disposition von Viren

An einer anderen Schwelle zwischen Organischem und Anorganischem befinden sich Viren, die als ein Art Grenzgänger umschrieben werden. Sie unterscheiden sich grundlegend von Einzellern, da sie keinen Stoffwechsel betreiben und sich nicht selbständig vermehren können. Nur mithilfe des Erbgutes ihrer Wirtszellen können sie sich reproduzieren. Sie machen diese quasi zu Fabriken für ihre eigene Herstellung. Kann man Viren also als leblose Biopartikel betrachten und sie vom Lebendigen ausschließen? Wohl nur, wenn ihre Exklusion beabsichtigt ist. Denn es müsste geklärt werden, was die Besonderheit solcher lebloser Biopartikel ausmacht. Dies wirft wiederum Licht auf das menschliche Verständnis des Lebens.

Biologisch betrachtet, gibt es gute Argumente, Viren dem Lebendigen zuzuordnen, da sie die Fähigkeit haben, sich durch Mutationen genetisch fortzuentwickeln. Und wie technische Apparate sind sie in ihre Wirtszellen integriert und werden zu Bestandteilen lebendiger Systeme. Für Menschen haben sie nach dem jetzigen Erkenntnisstand in der evolutionären Entwicklung zwei essentielle Funktionen generiert: Viren ermöglichten das Einnisten körperfremder Zellen in den Organismus und so das embryonale Wachstum im Mutterleib.[61] Auch die menschliche Fähigkeit Erinnerungen zu bilden verdanken wir der Evolutionsbiologie gemäß einem Virus, der den Wirt in die Lage versetzte, ein besonderes Protein herzustellen, welches die Erinnerungsfähigkeit verstärkt.[62] Beide Viren infizieren den Organismus schon lange nicht mehr, sondern sind zu genetischen Implantaten geworden, welche die höheren Primatenarten in der Geschichte des Lebens verändert und im Blick auf die Sicherung individueller Existenz fitter und besser angepasst gemacht haben. Daher werden die verursachten Mutationen im tierischen und menschlichen Erbgut verankert und weitervererbt. Im Grunde sind sie Ursachen für Zeitbewusstsein und menschliche Geschichtlichkeit.

Die Metaphern, die Neil Shubin in seiner Erzählung der Geschichte des Lebens gebraucht, sind in diesem Kontext charakteristisch für eine anthropozentrische Sichtweise, welche den Menschen als klar definierbare Form sieht, ebenso wie andere Spezies, die um ihre Existenz besorgt sind und ihre Identität bewahren möchten. Der Anthropozentrismus ist dabei nichts anderes als eine spezifische Form des Egoismus der Arten, die sich vor Eindringlingen und genetischen Veränderungen schützen wollen. Die Evolution scheint also ein immerwährender Krieg um das Selbstsein zu sein, das Genom die organische Verkörperung eines inneren Schlachtfeldes.

---

[61] Vgl. Neil Shubin: Die Geschichte des Lebens. Vier Milliarden Jahre Evolution entschlüsselt. Original: Some Assembly Required. Four Billion Years of Life. From Ancient Fossils to DNA. Frankfurt am Main 2021, S. 221–224.

[62] Ebd., S. 224–232.

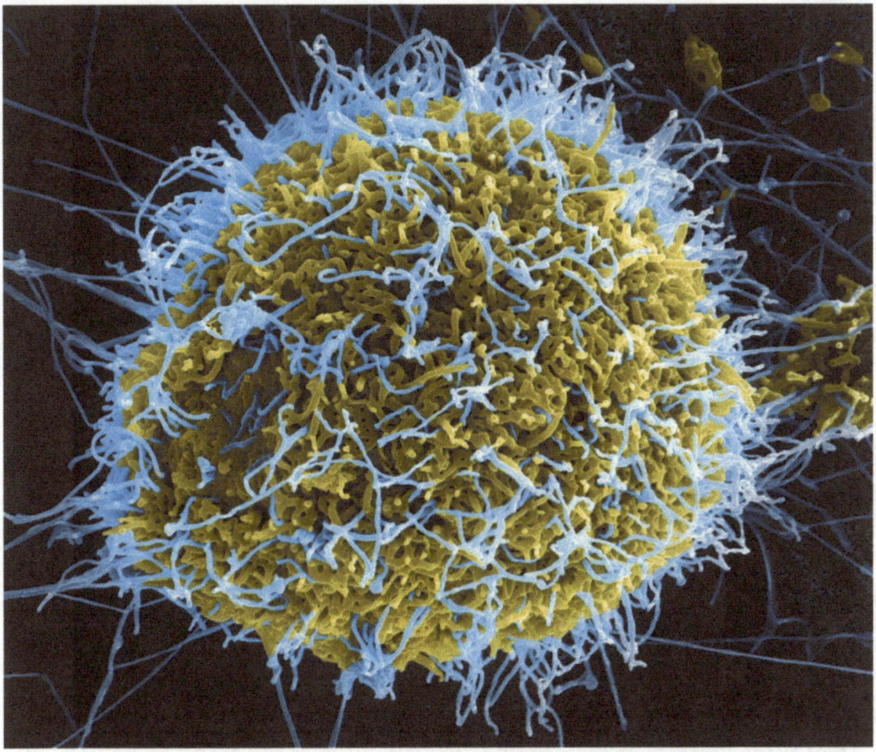

Abbildung 8: Rasterelektronenmikroskopische Aufnahme von Ebola-Viren in einer infizierten Zelle.

„Überall liegen Stücke uralter Viren herum – nach manchen Schätzungen bestehen bis zu acht Prozent unseres Genoms aus toten Viren. Nach neuesten Schätzungen sind es mehr als 100 000. Manche derartigen Virusfossilien haben noch eine Funktion und produzieren Proteine, die den Entdeckungen der letzten fünf Jahre zufolge für die Schwangerschaft, das Erinnerungsvermögen und unzählige weitere Aktivitäten nützlich sind. Andere liegen wie Leichen an den Stellen herum, an denen sie sich mit dem Genom verbunden haben und irgendwann abgetötet wurden."[63]

[63] Ebd., S. 230–231.

Je nach Perspektive befinden sich Viren also einmal auf der Seite des Organischen (als „erfindungsreiche, heimtückische molekulare Parasiten"[64]), einmal auf der Seite des Anorganischen (als eine Art biologischer Partikel ohne eigene Evolutionsgeschichte). Ähnlich wie die Quantenform des Lichtes, das mal als Welle, mal als Teilchen betrachtet werden kann, könnten Viren daher als Lebensquanten betrachtet werden, welche gar nicht Eindringlinge in lebendige Organismen sind, sondern ihre Formen ermöglichen. Das Lebendige aktualisiert in solchen viralen Strukturen Möglichkeit von Lebensformen. Da wir diese Strukturen selbst nicht wahrnehmen können, sondern nur deren Inzidenz berechnen, vermuten wir diese Strukturen nicht auf anderen Planeten oder allgemein jenseits unseres Wahrnehmungsvermögens, ohne einzugestehen, dass diese Hypothese unser Verständnis von Leben im Universum entschieden einschränkt.[65]

Und weil wir bisher das Potenzial dieser viralen Strukturen nur als Krankheit und Störung unseres Wohlbefindens wahrgenommen haben, gab es noch keine größeren Anstrengungen und Forschungsvorhaben, diese Bedingungen von Lebensformen auch jenseits der virologischen Dimension zu suchen, da diese Suche die auf unseren Körper beschränkte egozentristische und selbst bezogenen Kategorien von Raum und Zeit sprengen würde. Der Wille zur Subjektivität prägt unsere Weltwahrnehmung dermaßen, dass wir alle fremden „Strukturen" und „Lebensformen" als „Parasiten" bzw. als „leblose Partikel" bezeichnen, obwohl wir ihnen unsere Existenz und unsere Lebensform zu verdanken haben.

Die Grenze erscheint somit nur noch als subjektive Limitation zur Ermächtigung und Wahrung des Selbst, um dessen Erscheinung und Fortbestand wir besorgt sind. Nicht anders wie bei der Betrachtung der technische Existenzform geraten wir mit diesen Verschiebungen der Aufmerksamkeit in ihren Grenzbereichen zur Erkenntnis der Willkürlichkeit dieser Vergegenständlichungen, die zwar eine immense Steigerung der Macht menschlicher Selbstbehauptung nach sich ziehen konnte, aber nicht der Wahrheit entspricht, dass Menschen Teil eines

---

64 Ebd., S. 222.

65 Vgl. dazu Janjic: Astrobiologie. Die Suche nach außerirdischem Leben, a. a. O., S. 224–230.

sich ständig verändernden Lebens sind, das nicht auf die enge terrestrische Umwelt eingeengt ist.

3 Was bleibt von Menschen?

Die beiden Schwellen zeigen nicht nur Grenzen an, sondern geben auch Auskunft über das Verständnis, das Menschen von ihrem Leben haben und das sie in diese Schwellen einschreiben. Sie tabuisieren Gegenstände jenseits dieser Limitation, um Grenzverletzungen und Überschreitungen zu vermeiden, da solche Wege den heiligen Bereich gefährden könnten, den sie als ihren erfahren. Die neuen Götter der Technik stoßen nicht weniger wie die alten Götter prähistorischer Lebensstrukturen den Menschen von seinem Thron, von dem aus er die Welt nach seinem Willen verstehen, formen und beherrschen will.

Die Definition des Lebens mit seiner Abgrenzung zum Nichtlebendigen fundiert auf der Annahme, dass es eine menschliche Identität gibt, welche sich seiner selbst bewusst werden kann. Helmuth Plessner hat diese Selbstvergewisserung als exzentrische Positionalität bezeichnet, welche das Spezifikum der menschlichen Lebensform ausmacht.[66] Im Menschen kommt das Leben selbst zum Bewusstsein. Mit der Erfahrung der Möglichkeiten moderner Technologien und den Erkenntnissen der evolutionären Virologie muss diese Selbstbehauptung aber in Frage gestellt werden, da auch Maschinen eine neue Art reflexives Selbstbewusstsein entwickeln und da die Bedingungen dieser Geschichtlichkeit, die nur durch die Zeitlichkeit des Erinnerungsvermögens ermöglicht werden, zunehmend als Resultat einer natürlichen Dynamik erscheinen. Eine Sonderstellung des Menschen und seine Position zur Welt sind in dieser Hinsicht nur noch Stilisierungen des Willens zur Selbstbehauptung, welche Sein und Leben aus anthropozentrischer Perspektive deuten, aber nicht so wahrnehmen können, wie sie sich zeigen.

Ohne diese Schwellen gekannt zu haben, entwarft im letzten, unbetitelt gelassenen Teil der Archäologie der Humanwissenschaften Foucault die seitdem oft

[66] Helmuth Plessner: Die Stufen des Organischen und der Mensch. 3. Auflage. Berlin u. New York 1975.

zitierte Metapher, dass der Mensch verschwinden könne wie am Meeresufer ein Gesicht im Sand.[67]

Foucaults Diskursanalyse sollte eine Ordnung aufdecken, welche den Menschen im heutigen Sinne hervorgebracht hat, indem durch diese die Grundlagen des klassischen Denkens ersetzt werden konnten, in dessen Struktur Götter mit Sein und Leben eingeschrieben waren. Das Ende des ins Zentrum gestellten Menschen, wie es noch von Nietzsches letzten Menschen eingeläutet wurde, setzt ein mit dem Ende der Philosophie und aller aus ihr abgeleiteten Wissenschaften. Die Wörter verlieren ihre Bedeutung, wenn sie nur noch Sprachspiele sind. Das Wissen von den Dingen und ihren Ordnungen werden willkürlich und beliebig als Ausdruck von reinen Machtstrukturen. Die Gestalt des Menschen selbst wird zur Projektion des Willens zur Macht. Jede Wissenschaft von Menschen wird daher als Repräsentation des Willens zum Willen entlarvt, der nur als menschlicher Wille attraktiv ist. Was verschwindet, sind also nicht die Menschen, sondern das Bild des Menschen und mit diesem jede Form des anthropologischen Denkens. Der Mensch ist nur eine Erfindung der Humanwissenschaften, deren Archäologie ihr baldiges Ende aufdeckt.

Will man sich diesen Gedanken zu eigen machen, so kann man Foucault als Vordenker der Kritik an jeder anthropozentrischen Sichtweise sehen, welche die Priorisierung der humanen Perspektive nicht mehr zulässt. Sie unterwirft das Zeitalter des Anthropozäns einer fundamentalen Analyse, welche den Menschen aus dem Zentrum der Welt hinauskatapultiert und als eine Erfindung der europäischen Aufklärung in das Museum der Ideen stellt.

Aber was bleibt von Menschen, wenn man diese Metapher so aufgreift?

Foucault selbst ist in diesem Sinne vorsichtiger: Er setzt voraus, dass es irgendein Ereignis geben könnte, „dessen Möglichkeiten wir höchsten vorausahnen können, aber dessen Form oder Verheißung wir im Augenblick noch nicht kennen". Wenn dieses Ereignis einträte, durch das diese Dispositionen ins Wanken gerieten, „dann kann man sehr wohl wetten, daß der Mensch verschwindet wie am Meeresufer ein Gesicht im Sand."[68]

---

67 Michel Foucault: Die Ordnung der Dinge. Eine Archäologie der Humanwissenschaften. Original: Les mots et les choses 1966. 13. Auflage, Frankfurt am Main 1995, S. 462.

68 Ebd.

Im Original:

> „Si ces dispositions venaient à disparaître comme elles sont apparues, si par quelque événement dont nous pouvons tout au plus pressentir la possibilité, mais dont nous ne connaissons pour l'instant encore ni la forme ni la promesse, elles basculaient, comme le fit au tournant du XVIIIe siècle le sol de la pensée classique, – alors on peut bien parier que l'homme s'effacerait, comme à la limite de la mer un visage de sable."[69]

Aus der philosophischen Selbstvergewisserung und der Reflexion von Wahrheitsgehalten theoretischer Annahmen wird am Ende also nur eine Wette, die allerdings nicht mehr und nicht weniger zum Inhalt hat als Leben und Tod des Menschen.

Foucaults Ende spielt damit nicht nur mit der Metapher des Verschwindens aller menschlichen Repräsentationsformen und ihrer Rückkehr in die ozeanische Ursuppe. Foucault versetzt sich neckisch in die Rolle Mephistopheles', der mit Gott um die Seele des Menschen wettet in Gestalt des Gelehrten und Repräsentanten aller Humanwissenschaften Dr. Faustus.[70] Und wie Gott den Schalk Mephisto in Goethes Drama gewähren ließ, weil er von allen Geistern, die verneinen, ihm am wenigsten zur Last falle, so wirft Foucault nach seiner Archäologie alle Last der Humanwissenschaften ab und widmet sich wie Mephisto den Spielarten der Lüste und den Formen der Subjektivität, die nur dazu da sind, um sich und die eigene Lust in diesem Spiel selbst zu kultivieren ohne Rücksicht auf andere. Entsprechend harsch fiel bereits die zeitgenössische Kritik an Foucault aus.[71]

---

69 Michel Foucault: Les mots et les choses. Une archéologie des sciences humaines. Paris 1966, S. 398. Die deutsche Übersetzung ist hier nicht so präzise wie das Original, da Foucault bewusst das Wort Grenze („limite") gebraucht. Und „Disposition" bedeutet im Französischen auch Vorkehrung, Bestimmung und Bereitschaft (im Sinne der Intention).

70 Johann Wolfgang von Goethe: Faust. Eine Tragödie (gedruckt 1808). In: Die Großen Dramen. Stuttgart u. a. 1959.

71 Die unlängst geäußerten Beschuldigungen, Foucault habe nicht nur eine untragbare Haltung zur Pädophilie geäußert, sondern in Tunesien sogar mehrere Jungen sexuell missbraucht, lassen das Bild des Meisterdenkers aus Frankreich zerfleddern (vgl. Georg Blume: Foucaults tunesische Jungen. In: DIE ZEIT Nr. 15/2021, 8. April 2021).

Es soll an dieser Stelle weder die Foucault'sche Diskursanalyse noch sein Bild vom Verschwinden des Autors thematisiert werden, sondern der Kairos aufgegriffen werden, auf den sich Foucault in dieser zentralen Passage postmodernen Denkens bezieht: Was nämlich, wenn das Ereignis tatsächlich eintritt, mit dem die Menschen, das heißt nicht nur bestimmte Gedanken und Worte, verschwinden? Die menschliche Lebenszeit, so Blumenberg, ist schließlich nur ein weitgehend unbedeutender Teil der Weltzeit. Die Weltgeschichte braucht den Menschen nicht, auch wenn dieser das Fortbestehen der Natur als Sinnverweigerung für das eigene Leben deutet.[72]

Mit der evolutionären Sicht auf die Technik wurde bereits angedeutet, dass eine Zeit kommen könne, in der Menschen nicht mehr existieren. Die Reflexionen über Viren wiederum zeigten an, dass das Humane in die Naturgeschichte eingewoben ist, dessen Gestalt lebendig geprägt ist und auch wieder verschwinden kann. Um Foucaults Metapher aufzugreifen: Die menschliche Lebensform kann aufgrund evolutionärer oder anderer Ereignisse verschwinden wie auf der Erde Molekülverbindungen im Licht des Quantenozeans.

Selbstbewusste Autoren wie Foucault und Heidegger würden nun behaupten, mit dem Menschen und den Philosophen verschwinden auch die Sprache und das Sein. Aber ohne diese Hybris gedacht, muss mit dem Gedanken an das potenzielle Ende der Menschheit auch Sein und Leben anders verstanden werden, die sich dann nicht mehr ausschließlich auf einen menschlichen Geist oder seine Seele beziehen können. Wir müssen uns dazu erst noch mit der Konsequenz anfreunden, dass es keinen Menschen braucht, um sein Ende aufzuschreiben. Vielleicht würden wir es gar nicht bemerken, wie wir unseren Status verlieren, wenn dieser Übergang schleichend vonstatten geht – vielleicht befinden wir uns bereits im Übergang und bemerken die Abendröte der Menschheit nur noch nicht. Oder wir ahnen die Transformation, wissen aber, dass wir nichts daran ändern können, weil unsere Macht, unsere Existenz zu bewahren, begrenzt ist, wenn Ressourcen aufgebraucht sind, klimatische Bedingungen für uns lebensfeindlich werden oder neue Lebensformen entstehen, die besser an die Veränderungen angepasst sind. Das Ende der menschlichen Geschichte muss damit nicht zwangsläufig das Ende der Zeit sein, auch wenn wir uns diese Apokalypse so vorstellen wollen, da wir meinen, mit uns geht die Welt unter.[73]

---

[72] Hans Blumenberg: Lebenszeit und Weltzeit, Frankfurt am Main 2020.

[73] Vgl. ebd., S. 71–79.

Was wir uns in dieser für uns düsteren Vision noch vorstellen können, hat weitreichende Konsequenzen, auch rückgespiegelt für die Gegenwart: Kann „Sprache" ohne den Menschen existieren? Oder anders formuliert: Gibt es in der Welt Bedeutungen, die nicht notwendigerweise an den menschlichen Geist geknüpft sind? Computerwesen machen eine solche Hypothese zumindest legitim, da neuronale Netzwerke vorstellbar sind, die sich selbst am Laufen halten, optimieren und reproduzieren, ohne dafür menschliche Ingenieure zu benötigen. Was bisher nur den Menschen zugestanden wurde, nämlich Teil einer bedeutungstragenden universalen Struktur zu sein und naturwissenschaftliche wie mathematische Gesetzmäßigkeiten entdecken zu können, muss auch der nachfolgenden Spezies zugestanden werden, ebenso wie angenommen werden kann, dass diese aufgrund ihrer gesteigerten Lernfähigkeit und ihrer das menschliche Gehirn weit übertreffenden Rechenkapazitäten neue Weltzusammenhänge aufdecken und Erkenntnisse modellieren wird, die Menschen mit ihrem begrenzten humanen Horizont nicht verstehen konnten.

Auch wenn wir inzwischen immer mehr den Anspruch auf eine Sonderstellung aufgeben, so muss das nicht das Eigenlob schmälern, mit dem wir unseren Beitrag zu solchen Veränderungen positiv bestärken können. Wir sind Transformatoren, welche voraus- und zurückschauen können und so ein Bewusstsein für diese Ereignisse intensivieren, welches die Aufmerksamkeit auf das Sein des Lebens in der Welt richtet. Wir bemerken dabei, dass Leben intentional ist und dass seine Bedeutungen nicht nur von uns konstruiert werden. Uns wird damit bewusst, dass wir im Laufe unserer Geschichte immer mehr Strukturen des Seins entdeckt haben, die uns zugänglich sind, auch wenn sie nicht nur in unserer eigenen Lebenswelt Bestand haben. Leben ist verbunden mit dem Universum. Dies entspricht der menschlichen Grunderfahrung, unabhängig von ihrer Genese in Mythos, Religion oder Wissenschaft. Was sich verändert, sind die Bilder und Vorstellungen, in denen diese Grunderfahrung verdichtet, versinnbildlicht oder vergegenständlicht werden.

Können wir uns vorstellen, was bleibt, wenn der Mensch verschwindet und nicht nur sein Bild? Die Descartes'sche Meditation müsste also weiter durchgeführt werden und nicht schon beim *ego cogito, ego sum* umkehren. Denn das Denken ist nur dann eine zuverlässige Basis der Wahrheit im Erkennen, wenn das Ich, das denkt, lebt und im Leben ist. Subjektivität ist menschliches Selbstbewusstsein, dessen Geschichte nicht vergessen werden darf. Zieht man alles weitere vom anthropologischen Dispositiv ab, bleibt zuerst nicht viel außer der Gewissheit des Ungewissen. Naturgesetze sind nur durch menschliche Erkenntnisbemühungen zugänglich und könnten reine Konstrukte der anthropogenen Sichtweise sein, Beständigkeit im Fluss der Zeit herstellen zu wollen. Vernunft erweist sich als bedingt durch die Evolution des menschlichen Vermögens, sich Welt zu seiner Kulturwelt zu gestalten, die unter diesen Bedingungen – und nur unter diesen – verständlich wird. Glaube, Hoffnung und Zuversicht könnten nichts anderes als Ausdruck der Sorge um das Sein und symbolische Verdichtung der Angst vor dem Tod sein. Die Funktionalität der Technik ist in diesem Kontext das Heidegger'sche Gestell von Sein, das sich im Menschen errichtet und zu seinem Verschwinden führen könnte.[74] Ohne den Menschen gedacht, bliebe also nur Energie und Materie, deren zukünftige Formen wir weder kennen noch erahnen können.

Verstehen wir diese existenzielle Ungewissheit nun als neuen Umkehrpunkt der Descartes'schen Meditation, die noch hinter die Gewissheit des Selbstbewusstseins zurückgeht, so ergibt sich aber ein Fundament, auf dem das Denken wieder ansetzen könnte. Zwar sind keinerlei Welträtsel damit gelöst, aber es bleibt eine Gewissheit, die sich auf unsere Erfahrung des Denkens bezieht, aber diese nicht auf menschliches Erkennen gründet. Wollte man auch dieses Fundament wegdenken, so bliebe nur der reine Solipsismus, demgemäß die Welt nichts anderes als menschliche Erfindung und Träumerei sein kann, aus der es kein Erwachen gibt.

Was bleibt ist der Ärger über diese Ungewissheit, der Furor, der Menschen zum Faustischen antreibt und sich dem Spiel mephistophelischer Wetten nicht ausgeliefert sein lassen will, etwas, was wir körperlich spüren, wenn wir die Sterblichkeit des menschlichen Zeitraumes erfahren. Irgendwie muss diese Wut in unseren Körper gekommen sein. Sie entspricht der Intention zu sein als Grundrichtung des Werdenden. Unser Leben, das wir so spüren, ist Teil des Lebens, das sich im Universum, diesseits und jenseits der Erde, in die Zeit einnistet und dessen Möglichkeiten in Energie und Materie vorhanden sind, auch unabhängig von menschlichen Lebensformen, als Sein, das zum Leben wird. So könnte es sein, dass dieses

[74] Martin Heidegger: Die Frage nach der Technik (Original 1955). In: Vorträge und Aufsätze. 6. Auflage, Pfullingen 1990, S. 9–40.

Bedeutungen hat, von denen wir nur einen winzigen Bruchteil entdeckt haben und welche die Nachfolgenden weiter aufdecken werden.

Als Übergänger ahnen wir vielleicht dieses Spektakel, das vor der Geschichte der Menschen und nach ihrer Geschichte dasjenige zu Formen bringt, was man früher als Wunder angesehen hätte: Dass uns Lebenszeit geschenkt wurde.

Abbildung 9: „Von Verlierung der Zeit". Phlegmatiker, über die Vergänglichkeit nachsinnend. Holzschnitt. Aus: Francesco Petrarca (dt.), Von der Artzney bayder Glueck, Augsburg 1532.

Zeit zu leben

Die Uhr aller Uhren: „Eine Uhr, die über alle Menschenzeit in den Sternenraum hinausschlug, ohne jemals stillzustehen, und deren Grenzen allein in der Dauer und dem Geheimnis der Materie selbst lagen […].“[75]

1 Bekenntnisse im Angesicht der Ewigkeit

„Wenn niemand mich danach fragt, weiß ich es; will ich einem Fragenden es erklären, weiß ich es nicht.“[76] In diesem bekannten Paradox der Zeittheorie von Augustinus kommt zum Ausdruck, dass wir alle unsere Erfahrungen mit der Zeit haben, diese aber nicht zu allgemeingültigen Vorstellungen vergegenständlichen können. Man kann zwar Modelle erzeugen, nach denen man sich richten kann, aber es gibt keinen Nachweis dafür, dass diese tatsächlich der Wirklichkeit entsprechen. Mit Sicherheit können wir nur sagen, Zeit existiere im menschlichen Geist – später wird Kant den Geist als Verstand und die Phänomenologie diesen als Bewusstsein charakterisieren. Das Wesen der Zeit bleibt letztlich weiterhin unbegreiflich, auch wenn man meint, die Struktur ihrer Erscheinungen in wiederkehrenden Ereignissen und sich permanent wiederholenden Kreisläufen wahrnehmen zu können. Die Zeit „ist nun einmal eine Eigenschaft der Endlichkeit gegenüber der *aeternitas* Gottes.“[77]

Augustinus' Überlegungen thematisieren eine Vielfalt des Zeiterlebens, ohne dass er auf die uns heute gewohnten Vergegenständlichungen zurückgreifen kann. Daher sind die ersten, vorläufigen Formulierungen interessant, mit denen er zu

---

[75] Christoph Ransmayr: Cox oder der Lauf der Zeit. Frankfurt am Main 2016, S. 213.

[76] Augustinus: Bekenntnisse. Eingeleitet und erläutert von Joseph Bernhard. Lateinisch und deutsch. Original: Confessiones, 397/98. Frankfurt am Main 1987, S. 629 (Elftes Buch, 14, 17).

[77] Ebd., S. 904 (Anmerkung 24).

Beginn des elften Kapitels seiner Bekenntnisse den Schwung für die folgende Argumentation aufnimmt. Sie belegen eine andere Form des Nachdenkens über die Zeit:

> „Und reichte mir schon die Kraft dazu, der Reihe nach es aufzuzählen: kostbar ist mir jeder Tropfen Zeit [*stillae temporum*].“[78]

Zeit als Tropfen zu versinnbildlichen, ist keine Metapher im Sinne einer übertragenden Veranschaulichung, sondern die bildliche Beschreibung eines wahrnehmbaren Zeitverlaufes, der etwa an einer Wasseruhr ablesbar ist. In dieser exemplarischen Erfahrung ist bereits die Vorstellung der gesamten Zeit im Bild als Wasser enthalten, die ausdifferenziert als Einzelmoment wahrnehmbar wird und ihre Bedeutung in diesem Kontext der ewigen, göttlichen Zeit erhält. In jedem Tropfen Zeit verdichtet sich eine umfassende Struktur, die sich stetig manifestiert, ohne dass das reflektierende Ich darüber verfügen könnte. Im Einzelnen ist das Allgemeine enthalten und auffindbar: *Mundus in gutta*, wie später der Historiker und Mittelalterforscher Hermann Heimpel bei der Begründung des exemplarischen Prinzips den Zusammenhang von Besonderem und Allgemeinen für die Bildungstheorie umschrieben hat.[79]

Die Bekenntnisse sind der Versuch der aufzählenden Sammlung dieser *exempla* des eigenen Lebens in der Zeit vor dem Hintergrund des Allgemeinen einer göttlichen Weltzeit, weshalb Augustinus im Folgenden unterscheiden kann, welche *exempla* für ein gutes Leben stehen und welche nicht den Geboten entsprechen. So kann er fortfahren:

> „Ich will nicht, daß mir die Stunden, die von Pflichten frei sind, für anderes verrinnen sollen als für die leibliche Erholung, die geistige Arbeit und den Dienst, den ich dem Nächsten schulde oder auch nicht schulde und doch leiste.“[80]

[78] Ebd., S. 603 (Elftes Buch, 2,2).

[79] Hermann Heimpel: Selbstkritik der Universität – ein Wort zur Bildungsreform. In: Kapitulation vor der Geschichte? 3. Auflage, Göttingen 1960, S. 67–73. Siehe auch Pädagogische Rundschau 74/2020/Heft 6: Exemplarität im pädagogischen Diskurs.

[80] Augustinus: Bekenntnisse, a. a. O., S. 605 (Elftes Buch, 2,2).

Im Original heißt es genauer: „*Et nolo in aliud horae diffluant*." Frei übersetzt[81]: Ich möchte nicht, dass die Stunden in anderes auseinanderfließen. In dieser Diffusion schwingt als Nebenbedeutung mit: zerfließen, verschwinden bzw. in ausschweifendem Leben verkommen. Der Wille zur vernünftigen Reflexion nimmt den Einzelnen in die Pflicht, seine Zeit sinnvoll zu nutzen, was auch heißt, dass dem Fluss der Zeit etwas entgegengestellt wird, was die Summe der Tropfen Zeit zum personalen Kern, und zwar als gute Seele, kristallisieren lässt. Ermöglicht wird diese Personwerdung durch die vernünftige Reflexion, welche das göttliche Wort vernimmt und dem Gesetz gerecht werden kann.

> „‚Dein ist der Tag und Dein die Nacht'": Deinem Wink gehorsam eilen die Augenblicke vorüber [*momenta transvolant*]. Gewähre mir davon die Spanne Zeit, mich betrachtend in die Tiefe Deines Gesetzes zu versenken [*spatium meditationibus nostris in abdita legis tuae*], und halte es denen, die da ‚anklopfen', nicht verschlossen!"[82]

Das Momentum ist der Augenblick, aber auch der Druck, der Stoß, der Beweggrund, durch den die Abkehr vom falschen Leben in Gang gesetzt wird und die Notwendigkeit zur Umkehr erfahren wird. Die günstige Gelegenheit ist nicht mehr schicksalhaft und abhängig von einer Laune der Götter wie im antiken Verständnis des *kairos*, sondern jederzeit möglich, da sie vom Einzelnen in der Kraft seines Nachdenkens erfahren werden kann. Nicht die Frage kann ausbleiben, vielmehr die Antwort, die der menschlichen Verfügung prinzipiell entzogen ist, weshalb die Anstrengungen der Vernunft sich vom Responsiven zunehmend entfernen und stattdessen die eigenen Kräfte einer genauen, kritischen Introspektion unterziehen.

Spatium bedeutet aber nicht nur Dauer und Länge der Zeit, sondern steht auch im Zusammenhang zum Raum als Weite und Zwischenraum. Bei einem Spaziergang wird diese Zeitspanne als müßige Gelegenheit erlebt, bei der man auf Gedanken kommen kann, die man nicht sucht, sondern peripatetisch findet. Der Wandelgang in Klöstern und Basiliken schränkt diese Freiheit auf den vorgegebenen christlichen Ordnungsrahmen ein und bahnt den Weg zur richtigen Türe.

---

81 Nach https://de.pons.com/übersetzung/latein-deutsch.

82 Augustinus: Bekenntnisse, a. a. O., S. 605 (Elftes Buch, 2,3).

In dieser reflexiven Verdichtung erscheint die Lebenszeit nicht mehr als eine Aneinanderreihung von zufälligen Momenten, in denen sich eine Art Schicksal zusammenballt oder Götter ihr Unwesen und Spiel treiben, sondern sie wird bestimmt als von Anfang bis Ende verbunden mit einem bestimmten Körper, der sich durch Wort und Tat in seinem Sein als Person manifestieren kann. Durch die Reflexion der Zeit erhält das individuelle Leben eine tragende Bedeutung. Die Materie des Körpers wird zum Gefäß, in das der Geist eingeträufelt werden kann.

Der maßgebliche Kontext von Augustinus' Zeittheorie ist die Individualisierung der Zeit zur persönlichen Lebensgeschichte. Augustinus will sich zu seinen Verfehlungen bekennen, welche seine Zeit zu leben geprägt haben, um sich seiner selbst gewiss zu werden. Die erste Zeittheorie, welche die Moderne einläuten wird, kreist also im Grunde um das Problem der Selbstrechtfertigung und der Selbstkultivierung. Dieses ergibt sich aus dem Bemühen, seinen Erfahrungen Sinn zu geben und reflektierend Bedeutungen einzuschreiben, welche die fluktuierenden Zeitmomente zu einem einheitlichen Strom zusammenbinden und so vergegenständlichen können.

Im Rückblick entsteht das Bild des eigenen Ich. In der Projektion auf ein ewiges Leben in der Erwartung der Auferstehung von den Toten und der Ankunft des göttlichen Reiches können die Episoden danach beurteilt werden, wann man richtig oder falsch gehandelt hat. Nur in der Gegenwart überschneiden und konzentrieren sich diese Zeitdimensionen, die zwar nicht wahrgenommen werden, aber mitgedacht werden müssen, will man seine Lebensgeschichte beurteilen und sich in die richtige Richtung verändern.

So gelesen, sind die *confessiones* nicht nur die erste Form einer Autobiographie als literarische Gattung, welche die Moderne prägen wird, sondern vor allem auch Ausdruck der Selbsterfahrung von Identität, die an eine materielle Gestalt fixiert ist und von der erwartet wird, dass sie auch nach dem Tod fortbestehen wird. Die Erwartung der Auferstehung des Leibes von den Toten postuliert eine besondere Form der Vergegenständlichung des Lebens einer Person. Deren Existenz wird die *aeternitas* eingeschrieben. Der Menschen wird damit zu einer Spezies gemacht, die alle anderen Spezies ihrem Willen unterwerfen darf.

In dieser menschlichen Zeit kann das Leben vom Menschen aus gedacht werden. Selbst die göttliche Unendlichkeit findet erst ihren Sinn in dieser rückbezüglichen Reflexion, da sie sich in dem erkennt, den sie geschaffen hat und ohne dieses Medium nicht zu sich selbst kommen könnte. Die Anerkennung der Sterblichkeit, welche mit der Zeitlichkeit der Materie der Person unabdingbar gegeben ist, wird zur Grundlage des Selbstbewusstseins, welches die Freiheit entdeckt, zu dem zu werden, der man ist; was auch bedeutet, nicht der zu bleiben, der man war.

Die christliche Weltanschauung schafft durch diese Annäherungen an die divergierenden zeitlichen Dimensionen das Bewusstsein einer prinzipiellen Verschiedenheit von Geschichte und Heilsgeschichte, die säkularisiert ausgelegt wird als Divergenz von Lebenszeit und Weltzeit.[83] Was Augustinus im Grunde umtreibt, ist die Frage, wie beide im Menschen synchronisiert werden können. Denn wie kann man selbst die Richtigkeit des eigenen Lebens im Maßstab der Unendlichkeit beurteilen, wenn nicht die Möglichkeit zu Analogien bestünde, welche solche Verbindungen herstellen? Die spätere Erfindung der mechanischen Uhr ist eine drastische Konsequenz dieser Frage, welche das Prinzip der schon in der Antike mit Ingenieursgeist und großem handwerklichen Geschick umgesetzten Vergegenständlichungen von Zeit, Sonnen-, Wasser-, Feuer oder Sanduhren, in Reinform, d. h. absolut, allen Zeitvorstellungen zugrunde legt: Eine ewige, vom Leben unabhängige Ordnungsstruktur, an deren Maß und Takt sich Menschen ausrichten können.

Die Weltzeit tritt damit in den Vordergrund der theoretischen Aufmerksamkeit, wohingegen die Lebenszeit dieser Intention untergeordnet wird. Mit der neuen Theorie der Zeit verlieren Formen lebensweltlicher Erfahrungen, die nicht verallgemeinert und im System der Zeitvorstellung vergegenständlicht werden können an Bedeutung für die Modellierung von Zeitdimensionen. Auch wenn die Bekenntnisse als Beginn der Selbstvergewisserung moderner Subjektivität gelten, in der Form der Autobiographie wie in der Form der Existenz- und Bewusstseinsphilosophie, so können sie diese Blickverschiebung theoretischer Neugierde nur erkaufen um den Preis einer Abwendung vom gelebten Leben, das zwar als Bilderreservoir für die Veranschaulichung abstrakter Gesetzmäßigkeiten dient, nicht mehr jedoch in seiner eigenständigen Zeitstruktur denkbar ist.

Die ursprünglich lebensweltlich motivierte Vorstellung einer Weltzeit wird zu einem Konstrukt, dem die Menschen und dem Leben nichts bedeutet. Weltzeit funktioniert nur noch, wenn sie vergegenständlicht werden kann. Nach Blumenbergs These ließe sich darin eine Form der Bewältigung des Ärgernisses

[83] Vgl. Hans Blumenberg: Lebenszeit und Weltzeit. Original 1986. 6. Auflage, Frankfurt am Main 2020.

entdecken, „welches der einzelne daran nimmt, daß die Welt über die Grenzen seiner Lebenszeit hinweg unberührt fortbesteht und sich noch anderer Freuden zu erfreuen anschickt, als ihm selbst vergönnt sein mögen.“[84] Man benötigt für diese Bewältigung nicht notgedrungen apokalyptische Zukunftsvisionen. Es genügt die Vorstellung, dass der Welt das individuelle Leben schlichtweg egal sei. Christoph Ransmayr hat diese Haltung in seinem literarischen Werk anschaulich zum Ausdruck gebracht. „Irgendwann wird diese Welt wieder das sein, was sie die längste Zeit gewesen ist: eine Welt ohne uns.“[85]

Man könnte auch sagen: Eine Welt ohne Zeit.

2 Welt ohne Zeit?

Mit den Versuchen der Vergegenständlichung beginnt die Festlegung der Zeit auf objektive Vorgänge, die wiederholbar und messbar sind. Zeit wird in der Mechanik der Uhr zu einem Gegenstand, der eine klare Gestalt bekommt. Sie vergeht mit dem Ticken oder mit den Amplituden der Schwingungen des Caesium-Atoms. Abweichungen sind möglich, aber nur in perfekten Modellen zyklischer Bewegungen, in denen sich die moderne Vorstellung von Zeit manifestieren kann. Zeit wird damit anschaulich in den Instrumenten zur Messung von Zeitabläufen. Man könnte auch sagen: Zeit wird durch Dinge und in Dingen produziert. Diese werden zu Zeitmaschinen, die Zeittakte herstellen und synchronisieren, welche das menschliche Zusammenleben in neue, gleichlaufende Formen bringen und in diesen das individuelle wie das kollektive Leben und Arbeiten optimieren. Die moderne Leistungsgesellschaft benötigt die Produktion verallgemeinerbarer Zeitmuster, welche die Eigenzeiten der Individuen in Einklang mit der normierten Zeit bringen. Nur dem Glücklichen schlägt keine Stunde. Die Anderen werden an

---

[84] Blumenberg: Lebenszeit und Weltzeit, a. a. O., S. 78.

[85] Christoph Ransmayr: Geständnisse eines Touristen. Ein Verhör. Frankfurt am Main 2016, S. 129. In seinem Roman Cox beschreibt Ransmayr drastisch das Scheitern aller Versuche von lebensweltlich konzipierten Uhrkonstruktionen. Eine Lebenszeituhr kann nur funktionieren aufgrund der Auflösung des Individuums in der Weltzeit (Christoph Ransmayr: Cox oder der Lauf der Zeit. Frankfurt am Main 2016). Den Hinweis auf Ransmayr verdanke ich meiner Tochter Leonie, die den Zusammenhang von Ransmayrs poetologischem Konzept mit Blumenbergs Zeitphilosophie untersucht hat.

Termine und Aufgaben erinnert, die in den vorgegebenen Takten erledigt werden müssen.[86]

Um der Lebenszeit einen gültigen Takt vorgeben zu können, ist es notwendig, ein System zu formulieren, das frei von Zufälligkeiten ist und fern einer nicht berechenbaren und unbeherrschbaren Kontingenz. Will man die richtige Zeitmessung vorschreiben, benötigt man vorhersehbare Zyklen, die nicht beeinflussbar sind von menschlichen Einwirkungen oder willkürlichen Ereignissen. Diese sind nur für die Geschichte denkbar, sei es in der Geschichte des Menschen als unbeherrschbare Geschehnisse und Situationen, mit denen der Einzelne oder Gruppen konfrontiert werden, sei es als Vorkommnisse, welche den Gang der Evolution des Lebens insgesamt eine neue Richtung geben und für das Aussterben ganzer Existenzformen verantwortlich sein können oder zur Entstehung neuer Arten führen, welche sich an die zufällig entstandenen veränderten Umwelten anpassen können. Die Mutationen eines Virus sind ein Beispiel für solche Variabilität, an die sich auch andere Lebensformen wie der Mensch anzupassen haben, sollen sie nicht an solchen Veränderungen zugrunde gehen. Eine normierende Weltzeit muss demgegenüber frei von derartigen willkürlichen Zufälligkeiten sein, ansonsten könnte die rationelle Synchronisierung von subjektiven Möglichkeiten und objektiver Notwendigkeit nicht funktionieren.

Von Kontingenz unabhängige Muster entdeckten Menschen von Anfang an am Himmel. Die Theorie des Himmels kann eine Ordnung vorgeben, da die Wahrnehmung seiner Phänomene den Eindruck eines geordneten Ablaufs von Tag und Nacht, vom Wechsel der Jahreszeiten sowie von der geregelten Gesetzmäßigkeit des Universums hervorbrachte. Das vorübergehende Auftauchen von spektakulären Himmelserscheinungen wie einer Sonnenfinsternis, das Auftauchen von Kometen oder das plötzliche Entstehen neuer Lichtquellen wurde lange Zeit zwar als Zeichen einer außernatürlichen Ordnung gedeutet, konnte aber durch die Fortschritte der Astronomie und der Naturwissenschaften gut in den Griff bekommen werden. Sonnenfinsternisse waren bald vorhersehbar. Die Kometenbahnen konnten berechnet werden. Der Stern über Bethlehem ist als Supernova, Kometenerscheinung oder besondere Planetenkonstellation von Jupiter und Saturn erklärbar.

---

86 Vgl. dazu Andreas Dörpinghaus, Ina Katharina Uphoff: Die Abschaffung der Zeit. Wie man Bildung erfolgreich verhindert. Darmstadt 2012, v. a. S. 19–37: Die Herren der Zeiten. Von unbewegten und bewegten Bewegern.

Die Ordnung der Synchronizität muss aufrechterhalten werden, will man die Weltzeit entmystifizieren, um nicht an ihrer Absolutheit zu zweifeln. Der Zweifel würde schließlich den Takt der Weltzeit in Frage stellen und mit ihr jene menschliche Gesellschaftsordnung, die diesen benötigt, um sich rationell zu synchronisieren. Lebenszeit scheint dafür zu unzuverlässig.

Die Divergenz zwischen Lebenszeit und Weltzeit mit ihrer Phasenverschiebung zu einer zeitlosen Welt, welche den Takt in den Planetenbahnen, der gehemmten Pendelbewegung der Uhr und den atomaren Schwingungen vorgibt, erweckt den Anschein, Zeit sei eine Illusion des menschlichen Lebens im Bewusstwerden seiner selbst, wohingegen die anorganische Materie jenem Zeitstrom nicht unterliegt. Die Tropfen Zeit sind nur für Menschen relevant und sekundär abgeleitet für andere Lebensformen, die Menschen erkennen. In der Kritik der reinen Vernunft zählt Kant daher die Zeit zusammen mit dem Raum zu den Bedingungen a priori der Vergegenständlichung und macht sie zu einer Bedingung der Wahrnehmung. Bezeichnenderweise wird die Zeit in seiner Himmelslehre vorausgesetzt, aber nicht kritisch thematisiert. Auch die transzendentale Ästhetik, nach der Zeit und Raum die Wahrnehmung von Objekten konstituieren, geht davon aus, dass Zeit und Raum selbst erfahrbar sind und daher zu Gegenständen gemacht werden können, die man sich vorstellt.

Von dieser Perspektive aus betrachtet, haben die Dinge der Zeitmessung mit ihren Instrumenten der Synchronisierung eine Vergegenständlichung als Erkenntnismethode möglich gemacht, welche den Zusammenhang von Lebenszeit und Weltzeit ausblendet, um die Wirklichkeit physikalisch korrekt erklären zu können. Diese Verschiebung war technisch ungemein erfolgreich. Man lernte von den schicksalshaften, plötzlichen, unwiederholbaren Momenten des *kairos* abzusehen, um alle günstigen Gelegenheiten auch dann nutzen zu können, wenn sie sich gar nicht unmittelbar einem Einzelnen bieten.

Auffällig ist jedoch, dass sich mit dieser Autonomie auch der Blick auf die Phänomene des Lebens verändert. Die vielfältigen Veränderungen im Lebendigen werden auf klar voneinander unterscheidbare Gestalten bezogen, die im Wandel des lebendigen Seienden identisch bleiben. Sie können nicht mehr in Beziehung zu den synchronen Vorgängen am Firmament, dem Auf- und Untergang der Sonne oder Zyklen der Sterne und den Bahnen der Planeten gesetzt werden, weil diese Dinge nichts mit lebendigen Dingen gemein haben. Die Uhrzeit kann nur an Gegenständen abgelesen werden, die auf keinerlei Weise von den Individuen beeinflusst werden können. Die Uhr kennt weder Gnade noch kann sie durch Opfer besänftigt werden. Sie ist die perfekte Erfindung von Menschen, um ihre Lebenszeit zu determinieren und um ihre Identität in diesen selbstbewussten Bestimmungen sichtbar zu machen. Nicht zufällig sind Uhren stilisierte und mit großem Aufwand gestaltete Dinge, die diese Selbstinszenierung eines Wesens manifestieren, das zeigen will: Ich bin da und will meine Zeit für mich haben!

Die Vorstellung einer objektiven Zeit ist eine sozial ungemein wirksame, da sie Grundlage für die Verallgemeinerung der modernen Gesellschaft ist.[87] Ohne die Erfindung der Uhrzeit gäbe es keine Synchronizität sozialer Prozesse (bzw. hätten andere Instrumente konstruiert werden müssen). Die Sozialität von Vorstellungen unterstreicht die Fähigkeit zur geteilten und kollektiven Intentionalität, welche die menschliche Spezies wie wohl keine andere perfektioniert hat und welche sie gegenüber anderen Lebensformen auszeichnet.[88] Nichtsdestotrotz ist dieses Vermögen sich zu synchronisieren kein Beleg für die reale Wirksamkeit einer getakteten und linear verlaufenden Zeit im Sinne des physikalischen Modells zyklischer Ordnungen, sondern nur die Bestätigung für die Leistungen menschlicher Fantasie, die noch im Als-ob ihre Symbolspiele Realität schaffen kann.

3 Kreativität der Zeit

Das Hauptproblem einer absolut gültigen Weltzeit im Newton'schen Sinne ist das Postulat ihrer Verweigerung von Asynchronität. Asynchrones lässt sich nicht zu einem Gegenstand mit Objektpermanenz verdichten, da es dieser Tendenz zur Identität widerspricht und nicht regelmäßig wiederholbar sein kann.

Die Versuche, Asynchrones symbolisch anschaulich zu machen, sind in diesem Kontext bemerkenswerte Vorläufer von gegenständlichen Bildern. Kairos, der Gott des Geschicks, bietet seinen Schopf, den es zu fassen gilt.[89] Die günstige Gelegenheit hat ihren eigenen Willen und ist lebendig, im Gegensatz zur Uhr,

87 Andreas Reckwitz: Die Gesellschaft der Singularitäten. Zum Strukturwandel der Moderne. Berlin 2017, v. a. S. 27–110: Die Moderne zwischen der sozialen Logik des Allgemeinen und des Besonderen.

88 Vgl. Michael Tomasello: Mensch werden. Eine Theorie der Ontogenese. Berlin 2020.

89 Siehe dazu Käte Meyer-Drawe: Kairos. Über die Kunst des rechten Augenblicks. In: Vierteljahrsschrift für wissenschaftliche Pädagogik 83/2007, S. 241–252.

die ein mechanisches Ding ist. Die Launen des Schicksals entziehen sich jeglicher Objektivität. Sie lassen sich nur erfahren und dann bewältigen, wenn man aus seinen Erfahrungen lernt. Des Schicksals Schmied sein zu wollen, ist bereits Ausdruck des Willens zur Vergegenständlichung, welcher die unverfügbaren Ereignisse des Lebens in die feste, eiserne Form einpassen sollen. Kairos ließe das nicht mit sich machen.

Einer der wenigen Versuche, die symbolischen Formen für Zeit nicht nur von einer Seite aus zu thematisieren und mit divergenten Bildern von Lebenszeit und Weltzeit zu verfestigen, ist Friedrich Cramers „Zeitbaum", in dem das Zusammenspiel von Synchronem und Asynchronem komplementär zum Ausdruck kommen soll.[90]

Als Naturwissenschaftler geht Cramer von der Entropie aus, welche den Strukturzerfall normalisiert und eine Richtung angibt, welche energetische Vorgänge unumkehrbar macht. Entropie generiert eine lineare Zeitachse. Auch Hawking argumentiert in seiner kurzen Geschichte der Zeit, die anthropische Perspektive müsse als evolutionär entstandene Erkenntnisweise intelligenter Lebewesen Rückschlüsse auf die universale Zeit erlauben. Jedoch deutet er diese als durch die Entropie bedingte Linearität, wohingegen asynchrone Momente nicht vorkommen. Der Zeitpfeil weist, zumindest in der aktuellen Ausdehnungsphase des Universums, von der Ordnung in zukünftige Unordnung.[91]

Cramers Zeitbaum thematisiert nun in diesem Zeitpfeil spontane Strukturbildungen in Formen der Selbstorganisation, die in diesem selbst geschaffenen Feld Wirbel und Strömungen generieren.

> „Evolutionen, die definitionsgemäß über chaotische Sprünge (Mutationen, Paradigmenwechsel) verlaufen, sind irreversibel, verzweigt und damit hierarchisch. Die rezeptive Materie (soft matter) ist – je nach ihrem Energiepotential und ihrer Evolutionshöhe in der betreffenden Hierarchie – fähig

[90] Friedrich Cramer: Der Zeitbaum. Grundlegung einer allgemeinen Zeittheorie. Zweite, revidierte Auflage. Frankfurt am Main und Leipzig 1993.

[91] Stephen W. Hawking: Eine kurze Geschichte der Zeit die Suche nach der Urkraft des Universums. Original: A Brief History of Time 1988. Reinbek bei Hamburg 1989, S. 181–193.

> zur Musterbildung bis hin zu höheren Lebewesen, Zentralnervensystemen und zum menschlichen Geist."[92]

Das Werden von Materie bis hin in die komplexen Vernetzungen intelligenter Nervenzellen enthält nach dieser Theorie ähnlich wie die Verzweigungen und Verflechtungen des Rhizoms zyklische, reversible und damit bewahrende Perioden, aber auch irreversible, chaotische und kreative Prozesse, die „ins Neuland vorstoßen"[93].

In diesen Wirbeln in linearen Zeitströmen kann sich Lebendiges einnisten, insofern die Entropie sich selbst erhaltende Systeme und Gestalten generiert, die ihre Ordnung dauerhaft aufrechterhalten. Reversibles und Irreversibles ist gleichermaßen notwendig, ebenso wie eine Komplementarität von Synchronizität und Asynchronität. Die Stetigkeit naturwissenschaftlich determinierter Prozesse kann von einer anderen Warte aus also als Unstetigkeit jener Ordnungen gesehen werden, ohne dass deswegen die Gültigkeit von Naturgesetzen infrage gestellt wäre. Aber die Formulierung von Naturgesetzmäßigkeiten hat ihrer Sache entsprechend eine gewisse Unschärfe aufgrund der Unmöglichkeit des Beobachtenden, sich aus der Zeit zu nehmen.

Die Plötzlichkeit kreativer Prozesse mag auf der einen Seite beunruhigen, wenn man sie nicht zähmen und in feste Vorstellungen bannen kann. Auf der anderen Seite ruft das Unbekannte nicht nur Furcht hervor, sondern weckt auch das Erstaunen über Neues. Die Ästhetik könnte dafür nach Cramer die Augen öffnen:

> „Dies ist der Augenblick der Kunst, der Augenblick des Kollapses der zyklischen Zähl-Zeit im Seltsamen Attraktor zugunsten des kreativen Sprungs, gemessen als irreversible Zeit t_i, der Augenblick des Entstehens von Neuem, der ekstatische Augenblick des Heraus-Gestellseins aus dem starren Raum-Zeit-Gefängnis. Das ist der Schnittpunkt zwischen der Ordnung der Zeit und dem Chaos der Künste."[94]

---

92 Cramer, Der Zeitbaum, a. a. O., S. 115.

93 Friedrich Cramer: Gratwanderungen. Das Chaos der Künste und die Ordnung der Zeit. Frankfurt am Main 1995, S. 25.

94 Ebd., S. 68.

Kreativität erhält in diesem Zeitverständnis eine Bedeutung wieder, die sie in der Ideengeschichte bereits hatte, aber – auch mit guten Gründen – ins Abseits gestellt worden ist. Einen Genius, verkörpert im omnipotenten Künstler, will man weder mit Blick auf die Verschlingungen der romantischen Bewegung noch angesichts des Bildes von der Allmacht eines kreativen Designers reanimieren, sofern man sich an wissenschaftlichen Methoden und Einstellungen orientieren will. Jedoch führt die Ausblendung des Kreativen zu einer Unterscheidung von Organischem und Anorganischem, welche dem Phänomen nicht gerecht wird, dass Leben existiert. Wenn Kreatives nur in den Erscheinungen organischer Materie vorkommen könnte, während anorganische Materie stur und treu den Naturgesetzen zu folgen hat, bleibt die Frage offen, wie in diesem Determinismus plötzlich derartige Abweichungen und Freiheiten entstehen können, welche Evolution und Geschichte ermöglichen. Weltzeit kann also ebenso gut als potenzielle Lebenszeit angenommen werden, die ihre Welten und Strukturen aus sich hervorbringt.

Eine Welt ohne Zeit ist Ergebnis von Spekulationen, welche den Eindruck erwecken, als ob das Universum unendlich und seine Genese von zeitlosen Naturgesetzen reguliert wird. Dabei wird ausgeblendet, dass Zeit eine Erfahrung des Lebens und nicht der Materie bzw. der Energie ist, die sich in Masse umwandelt. Man könnte also mit gleichem Recht spekulieren, Muster der Weltzeit entsprechen Formen der Lebenszeit. Dies muss an dieser Stelle betont werden, weil diese Argumentation die Vergegenständlichung des Lebens durch die Ausrichtung an einer universalen Zeit unterläuft und den Blick frei macht auf weitere Strukturen. Weltzeit ist nicht eine Projektion menschlicher Vorstellungen, die aus ihren Lebenserfahrungen resultieren, vielmehr die Bedingung von Lebenszeit.

4 Gedankenexperimente nach Lem

Das Besondere der Lebenszeit, so unser Eindruck als Menschen, ist ihre Dynamik, die zusätzlich in eine permanente Beschleunigung gerät. Organische Molekülverbindungen reagieren anscheinend schneller als anorganische Verbindungen und geraten unter entsprechenden Lebensbedingungen in ganz andere Bewegungsstrukturen als Sonnensysteme und Galaxien. Solange wir nur in den Dimensionen menschlicher Lebenszeit denken, können wir aber die Dynamik in anderen

Dimensionen nicht wahrnehmen, die Zeitstrukturen jenseits der bisherigen von uns konstruierten Vergegenständlichungen bilden. Es ist zumindest vorstellbar, dass jene Lebendiges hervorbringen, wenngleich nicht in dem Sinne, wie wir es kennen und erfahren haben. Es könnte also sein, dass wir extraterrestrische Lebensformen vielleicht nur deswegen nicht wahrnehmen, weil sie in anderen Zeitspannen existieren.

Solchen Gedankenexperimente ist der Futurologe und fantastische Science-Fiction-Autor Stanislaw Lem nachgegangen. In vielen seiner Erzählungen und Romane hat er mögliche Lebensformen vorgestellt, die den Menschen abgrundtief fremd erscheinen müssen, wenn sie sich ihnen mit ihren gewohnten Vorstellungen und Wahrnehmungen annähern. Wie auf „Solaris“[95] versuchen beide Seiten zu kommunizieren, ohne dass die jeweils andere Welt verstanden werden könnte. Sie bleiben sich trotz aller gegenseitiger Annäherungen rätselhaft, selbst wenn die besten Absichten zur Kontaktaufnahme bestünden.

Barrieren für ein dialogisches Verstehen können sich in Lems Geschichten ergeben durch die Verschiedenheit der materiellen Grundlagen des Lebendigen. In der gleichnamigen Erzählung des Sammelbandes „Nacht und Schimmel“[96] beschreibt Lem beispielsweise die Entdeckung von Atombakterien, welche sich mit bestürzender Dynamik wie Zellen teilen, ohne dass ihrem exponentiellen Wachstum mit bekannten Mitteln Einhalt geboten werden könnte; denn sie leben, indem sie Materie vernichten. Eine andere Erzählung, „Der Freund“, befasst sich mit einer Intelligenz, die sich in Energie und Strom manifestiert und mithilfe der Bestandteile von Radioapparaten und Transformatoren ungeahnte Macht entwickelt. In „Die Wahrheit“ entweichen aus einem Experiment mit Hochtemperaturplasma Einzeller, die zu einer neuen Lebensform generieren, einer Art Feueramöbe, die auch auf der Sonne leben und sich dort weiterentwickeln könnte. Die „Invasion“ schildert das plötzliche Eindringen von glasartigen, unzerstörbaren Kugeln, deren Materie anscheinend Abbilder des Lebens in sich erzeugen, welches sie bei ihrem Absturz getötet haben. Aber der Zweck

---

95 Stanislaw Lem: Solaris. Roman (Original 1961). Berlin 2006. Allgemein siehe auch Alfred Gall: Stanislaw Lem. Leben in der Zukunft. Darmstadt 2021.

96 Stanislaw Lem: Nacht und Schimmel. Erzählungen (Original 1969). Frankfurt am Main 1971.

dieser Abbilder lässt sich ebenso wenig erklären wie das Dasein der außerirdischen Lebensform.

Die Verständnisbarrieren sind aufgrund der Heterogenität und grundsätzlichen Verschiedenheit in der Vergegenständlichung lebendiger Prozesse unüberwindbar. Was erkennbar wird, ist nur, dass andere Lebensformen denkbar sind. Sollte es jemandem gelingen, diese noch verborgenen Gesetze der Evolution, die nicht nur auf der Erde Gültigkeit haben, zu erkennen und ihre Formel zu bestimmen („Formula Lymphatera"), so kann er diese beherrschen und die Evolution auf eine neue Stufe heben – als eine Art neuer Dr. Frankenstein, der mit seiner Erfindung die Menschheit überwinden wird.

Missverständnisse können sich auch durch die Unterschiedlichkeit der zeitlichen Dimensionen ergeben. So lässt Lem einen irre gewordenen Wissenschaftler in „Die Wahrheit" stammeln:

> „Ich möchte wissen, worüber wir uns mit der Sonne unterhalten könnten. Was sie und wir für gemeinsame Lebensfragen, Begriffe, Probleme haben. Erinnert euch daran, was unser erster Film aufgezeigt hat. Im Millionenbruchteil einer Sekunde bildete sich die Feueramöbe zu zwei Filialgenerationen um. Der Tempounterscheid hat auch gewisse (gewisse …) [sic.] Bedeutung. Verständigt euch zuerst mit den Bakterien eurer Körper, mit den Sträuchern eurer Gärten, mit den Bienen und ihren Blumen, und dann werden wir über die Methodik einer Nachrichtenverbindung mit der Sonne nachdenken können."[97]

Ein anderes Gedankenexperiment findet sich in Lems „Neue Kosmogonie": Was wäre, wenn es Zivilisationen gäbe, die bereits Milliarden Jahre vor der Entwicklung menschlicher Zivilisation entstanden sind und noch fortbestehen? Was wäre deren Intelligenz im Vergleich mit unserer? Diese hätten angesichts des Potenzials dieser Entwicklung nicht nur die Mathematik vervollkommnet, sondern auch die Naturgesetze und dementsprechend das Weltall umgebildet.[98]

---

97 Ebd., S. 273.

98 Eine interessante Anmaßung ist in diesem Kontext die Hypothese der aktuellen SETI-Forschung (Search for Extraterrestrial Intelligence), die menschliche Zivilisation sei als eine der ersten Zivilisationen entstanden und den anderen deswegen in der

Der fiktive Nobelpreis in Lems Erzählung geht an den Physiker Professor Alfred Testas, der nachgewiesen habe, dass die aktuelle Erscheinung der Welt nur Momentaufnahme eines Spiels jener Zivilisationen sei, die gegeneinander antreten und ihre Spielzüge setzen; wobei sie auch taktisch Naturgesetze umformen und kosmische Universalkonstanten variieren können.

> „Das bedeutet: wenn auch im Kosmos der Endzustand jeder anfänglichen Ordnung in der Unterordnung bestehen muß, kann doch das Zunahmetempo des Chaos Änderungen unterworfen sein, die von den Spielern hervorgerufen werden. Es scheint (dies ist lediglich eine Vermutung, keine Deduktion aus der Theorie), daß die Spieler die Zeitasymmetrie durch einen äußerst brutalen Eingriff verfertigt haben, so ‚als hätten sie es eilig gehabt' (in kosmischem Maßstab versteht sich). Die Brutalität besteht darin, daß sie den Gradienten der Entropiezunahme sehr steil gemacht haben. Sie haben sich einer starken Tendenz des Zunehmens von Unordnung bedient, zu dem Zweck, im Kosmos *eine einzige Ordnung* einzuführen. Wenn auch seither alles vom Geordneten zum Ungeordneten hin verläuft, erweist sich doch im Ganzen dieses Bild als *einheitlich, einem* Prinzip unterworfen und dadurch generell in Ordnung gebracht."[99]

Die Folie für Lems Kosmogonie bilden naturgemäß fantastische Gedankenexperimente, zusätzlich eingekleidet mit den literarischen Motiven des Utopischen oder des Irrsinnigen. Aber sie legen einen wichtigen Aspekt offen: Leben in der Zeit ist auch anders denkbar und kann angesichts der ungeheuren wissenschaftlichen Fortschritte der letzten Jahre auch anders gedacht werden als nur im Rahmen einer menschen- und erdbezogenen Naturgeschichte.

Die Zeit selbst, nicht nur die Materie, kann dabei zum Problem der Wahrnehmung von Lebensformen werden, da die zeitlichen Dimensionen des gewohnten Alltagslebens von Menschen nicht mit kosmischen Dimensionen übereinstimmen. So könnte auch angenommen werden, dass sich die Dynamik materieller und energetischer Interaktionen, die zu lebendigen oder lebensähnlichen Existenzformen

---

Intelligenzentwicklung so weit voraus, dass die Kommunikation mit den meisten anderen Lebensformen nicht möglich sein kann.

99 Stanislaw Lem: Die neue Kosmogonie, in: Nacht und Schimmel, a. a. O., S. 161–162.

führen, in Zeitstrukturen formiert, welche Menschen nicht wahrnehmen können, solange sie in ihrer Lebenszeit befangen sind.

Ebenso wäre denkbar, dass diese Dynamik in Strukturen beginnt, die Zeit hervorbringen, aber nicht Leben in dem Sinne, wie wir es kennen und erfahren. Leben wäre dann die Aktualisierung einer Möglichkeit von vielen potenziell autopoietischen Systemen, deren Evolution zur Formenvielfalt und Formstabilität führen kann.

Schließlich könnte Kontingenz nicht nur die prinzipielle Offenheit und Ungewissheit menschlicher Lebenserfahrungen bedeuten, sondern auch eine sich konstanten Wechselwirkungen entziehende Notwendigkeit von Möglichkeiten, die universal Neues in die Welt setzen, ohne dass es bestehen müsste. Die Genese von Leben wäre in diesem Sinne nur unzureichend mit einer Wertigkeit als Singularität zu charakterisieren, vielmehr etwas Allgemeines, dessen Intentionalität in vielfältigen Gestaltungen zur Existenz kommen kann.

5 Jeder Tropfen Zeit zählt

Unser Bild des Universums hat sich seit der Erfindung der Teleskope radikal verändert. Die alten Himmelsschalen sind nicht nur zerbrochen, sondern durch die Sphäre menschlicher Lebenswelt hindurch haben sich Ausblicke in die Größe und Weite des Universums ergeben, welche alle Versuche vernünftiger Ordnungen mit spektakulären Entdeckungen konfrontieren, die nicht in die Schemata der gewohnten Vorstellungen passen. Inzwischen schätzt man, dass im für uns sichtbaren Raum Billionen Galaxien mit Abermilliarden Sternen existieren: Eine unvorstellbare Menge an Energiequanten, bei deren Anblick die individuelle Lebensgeschichte zu einem völlig unbedeutenden Augenblick zerfließt und in der kosmischen Zeit zu verschwinden scheint.

Man könnte also vermuten, dass Zeit nur Lebendiges betrifft, weil dessen Zeit begrenzt ist. Jenseits der Lebenszeit wäre das Universum zeitlos, da es nicht sterblich ist. Bewegung und Veränderung wären dann nur eine Illusion, Entstehen und Vergehen menschliche Kategorien.

Ein solches Weltbild hat den Charme der Bescheidenheit, wenn im Angesicht der Äonen die Zeit des Menschen als kaum wahrnehmbare Tropfen im ansonsten makellosen Weltenraum erscheinen. Aber es stimmt nicht mit den Beobachtungen biologischer und kosmologischer Phänomene überein. Diese haben den Menschen in eine Zeit gestellt, in der nicht nur er selbst, sondern auch die Dinge außerhalb seines Horizontes vergänglich erschienen. Das heißt aber auch: Mit der Vergänglichkeit des Universums hat es eine Zukunft, die in jedem Zeittropfen enthalten ist. Und wir müssen lernen zu akzeptieren, dass es auch Zukunft ohne Menschen geben kann.

Abbildung 10: Teil des Hubble-Deep-Field, aufgenommen mit dem Hubble-Weltraumteleskop 1995. Dieses Bild gewährt einen tiefen Einblick ins Universum. Die am weitesten entfernten dieser Galaxien sind etwa 12 Milliarden Lichtjahre entfernt. Ihr Licht hat etwa drei Viertel des bekannten Universums durchquert, bevor es die Erde erreicht hat.

Literaturverzeichnis

Adorno, Theodor W.: Jargon der Eigentlichkeit. Zur deutschen Ideologie. Frankfurt am Main 1964.

Agamben, Giorgio: Der Gebrauch der Körper. Original: L'uso dei corpi 2014. Frankfurt am Main 2020.

Aristoteles: Vom Himmel. München 1983.

Augustinus: Bekenntnisse. Eingeleitet und erläutert von Joseph Bernhard. Lateinisch und deutsch. Original: Confessiones, 397/98. Frankfurt am Main 1987.

Bal, Mieke: Kulturanalyse. Frankfurt am Main 2006.

Baruzzi, Arno: Mensch und Maschine. Das Denken sub specie machinae. München 1973.

Bergson, Henri: Schöpferische Evolution. Original: L'évolution créatrice, 1907. Neu aus dem Französischen übersetzt von Margarethe Drewsen. Hamburg 2013.

Blume, Georg: Foucaults tunesische Jungen. In: DIE ZEIT Nr. 15/2021, 8. April 2021.

Blumenberg, Hans: Lebenszeit und Weltzeit. Original 1986. 6. Auflage, Frankfurt am Main 2020.

Blumenberg, Hans: Lebenszeit und Weltzeit. Original 1986. 6. Auflage, Frankfurt am Main 2020.

Böhme, Hartmut & Gernot: Das Andere der Vernunft. Zur Entwicklung von Rationalitätsstrukturen am Beispiel Kants. Frankfurt am Main 1983.

Camus, Albert: Der Mensch in der Revolte. Original: L'Homme révolté 1951. Hamburg 1988.

Camus, Albert: Der Mythos von Sisyphos. Original: Le Mythe de Sisyphe 1942. Hamburg 1986.

Camus, Albert: Tagebücher 1935–1951. Original: Carnets 1962, 1964. Reinbek bei Hamburg 1986.

Cassirer, Ernst: Philosophie der symbolischen Formen. Drei Bände (Original 1923–29). Darmstadt 2010.

Cassirer, Ernst: Vom Mythus des Staates. Original: The Myth of the State 1946. Hamburg 2016.

Coccia, Emanuele: Die Wurzeln der Welt. Eine Philosophie der Pflanzen. Original: La vie des plantes. Une métapysique du mélange 2016. München 2018.

Comenius. Johann Amos: Orbis sensualium pictus. Original 1658. In: Opera Omnia 17. Hrsg. von Jaromír Červenka u. a. Prag 1970.

Cramer, Friedrich: Der Zeitbaum. Grundlegung einer allgemeinen Zeittheorie. Zweite, revidierte Auflage. Frankfurt am Main und Leipzig 1993.

Cramer, Friedrich: Gratwanderungen. Das Chaos der Künste und die Ordnung der Zeit. Frankfurt am Main 1995.

Darwin, Charles: On the Origin of Species (Original 1859). Lerner Publishing Group 2009. ProQuest Ebook Central.

Deleuze, Gilles & Guattari, Félix: Rhizom. Berlin 1977.

Deleuze, Gilles & Guattari, Félix: Tausend Plateaus. Kapitalismus und Schizophrenie (Original 1972). 6. Auflage. Berlin 1997.

Dörpinghaus, Andreas, Poenitsch, Andreas & Wigger, Lothar: Einführung in die Theorie der Bildung. 5. Auflage. Darmstadt 2013.

Dörpinghaus, Andreas, Uphoff, Ina Katharina: Die Abschaffung der Zeit. Wie man Bildung erfolgreich verhindert. Darmstadt 2012.

Falcke, Heino: Licht im Dunkeln. Schwarze Löcher, das Universum und wir. Stuttgart 2020.

Fink, Eugen: Metaphysik der Erziehung im Weltverständnis von Plato und Aristoteles. Frankfurt am Main 1970.

Foucault, Michel: Die Ordnung der Dinge. Eine Archäologie der Humanwissenschaften. Original: Les mots et les choses 1966. 13. Auflage, Frankfurt am Main 1995.

Foucault, Michel: Hermeneutik des Subjekts. Vorlesung am Collège de France (1981/82). Original: L'herméneutique du sujet 2001. Frankfurt am Main 2004.

Gall, Alfred: Stanislaw Lem. Leben in der Zukunft. Darmstadt 2021.

Goethe, Johann Wolfgang von: Faust. Eine Tragödie (gedruckt 1808). In: Die Großen Dramen. Stuttgart u. a. 1959.

Goldstein, Jürgen: Die Entdeckung der Natur. Etappen einer Erfahrungsgeschichte. Naturkunden Nr. 3. Berlin 2013.

Hansmann, Otto: Seminar: Der pädagogische Rousseau. Band I. Weinheim 1993.

Harari, Yuval Noah: Homo Deus. Eine Geschichte von Morgen. Original: Homo Deus. A Brief History of Tomoro. 2. Auflage München 2017.

Haupt, Heinz-Gerhard: Das „goldene" Handwerk. In: Etienne François & Hagen Schulze (Hrsg.): Deutsche Erinnerungsorte. Band II. München 2001, S. 386–404.

Hawking, Stephen W.: Eine kurze Geschichte der Zeit die Suche nach der Urkraft des Universums. Original: A Brief History of Time 1988. Reinbek bei Hamburg 1989.

Heidegger, Martin: Brief über den „Humanismus". Zuerst erschienen 1947. In: Wegmarken. 2., erweiterte und durchgesehene Auflage Frankfurt am Main 1978, S. 311–377.

Heidegger, Martin: Die Frage nach der Technik (Original 1955). In: Vorträge und Aufsätze. 6. Auflage, Pfullingen 1990, S. 9–40.

Heidegger, Martin: Gelassenheit. Pfullingen 1959.

Heidegger, Martin: Zur Sache des Denkens: Zeit und Sein. Das Ende der Philosophie und die Aufgabe des Denkens. Mein Weg in die Phänomenologie. Tübingen 1969.

Heimpel, Hermann: Selbstkritik der Universität – ein Wort zur Bildungsreform. In: Kapitulation vor der Geschichte? 3. Auflage, Göttingen 1960, S. 67–73.

https://de.wikipedia.org/wiki/Rettung_der_Phänomene; abgerufen am 19.06.2020.

https://de.pons.com/übersetzung/latein-deutsch.

https://de.wikipedia.org/wiki/Urknall; abgerufen am 21.06.2021.

Edmund Husserl: Cartesianische Meditationen. In: Husserliana Band I. 2. Auflage, Den Haag 1963.

Husserl, Edmund: Die Krisis der europäischen Wissenschaften und die transzendentale Phänomenologie. In: Husserliana Band VI. 2. Auflage, Den Haag 1962.

Janjic, Aleksandar: Astrobiologie – die Suche nach außerirdischem Leben. Berlin 2019.

Kant, Immanuel: Allgemeine Naturgeschichte und Theorie des Himmels. Oder: Versuch von der Verfassung und dem mechanischen Ursprunge des ganzen Weltgebäudes nach Newtonischen Grundsätzen abgehandelt. Königsberg und Leipzig 1755, S. 29–30.

Kant, Immanuel: Gesammelte Schriften (Akademieausgabe) Band XXI. Berlin 1926.

Kant, Immanuel: Kritik der reinen Vernunft (Original 1781/1787). In: Werkausgabe Band II. Hrsg. von W. Weischedel. Frankfurt am Main 1974.

Karafyllis, Nicole C.: Bios und Zoe [Version 1.0]. In: Kirchhoff, Thomas (Redaktion): Naturphilosophische Grundbegriffe. www.naturphilosophie.org (zuletzt abgerufen am 15.11.2020).

Latour, Bruno: Das Parlament der Dinge. Für eine politische Ökologie. Original: Politiques de la nature 1999. Frankfurt am Main 2010.

Lem, Stanislaw: Nacht und Schimmel. Erzählungen (Original 1969). Frankfurt am Main 1971.

Lem, Stanislaw: Solaris. Roman (Original 1961). Berlin 2006.

Lovelock, James: Das Gaia-Prinzip: Die Biographie unseres Planeten. Original: The ages of Gaia 1988. Zürich, München 1991.

Mann, Frido & Mann, Christine (Hrsg.): Im Lichte der Quanten. Konsequenzen eines neuen Weltbildes. Darmstadt 2021.

Mayr, Ernst: Konzepte der Biologie. Original: What Makes Biology Unique? Considerations on the autonomy of a science discipline 2004. Stuttgart 2005.

Merleau-Ponty, Maurice: Das Sichtbare und das Unsichtbare. Gefolgt von Arbeitsnotizen. München 1986.

Meyer-Drawe, Käte: Der Einspruch der Dinge. In: K. Meyer-Drawe: Diskurse des Lernens. München 2008, S. 159–183.

Meyer-Drawe, Käte: Kairos. Über die Kunst des rechten Augenblicks. In: Vierteljahrsschrift für wissenschaftliche Pädagogik 83/2007, S. 241–252.

Neukamm, Martin (Hrsg.): Darwin heute. Evolution als Leitbild in den modernen Wissenschaften. Darmstadt 2014.

Neukamm, Martin (Hrsg.): Evolution im Fadenkreuz des Kreationismus. Darwins religiöse Gegner und ihre Argumentation. Göttingen 2009.

Nießeler, Andreas: Weltbücher und Herzensschriften. Zur Geburt des Sachlernens aus dem Geist der Hermeneutik. Berlin 2010.

Pädagogische Rundschau 74/2020/Heft 6: Exemplarität im pädagogischen Diskurs.

Pelluchon, Corinne: Das Zeitalter des Lebendigen. Eine neue Philosophie der Aufklärung. Darmstadt 2021.

Pelluchon, Corinne: Wovon wir leben. Eine Philosophie der Ernährung und der Umwelt. Original: Les nourritures. Philosophie du corps politique 2015. Darmstadt 2020.

Plessner, Helmuth: Die Stufen des Organischen und der Mensch. 3. Auflage. Berlin u. New York 1975.

Probst, Maximilian: Welche neue Welt blitzt da auf? In: DIE ZEIT Nr. 45/2020.

Proust, Marcel: Auf der Suche nach der verlorenen Zeit. Unterwegs zu Swann (Original: À la recherche du temps perdu. Du côté de chez Swann 1913). Frankfurt am Main 2004.

Ransmayr, Christoph: Cox oder der Lauf der Zeit. Frankfurt am Main 2016.

Ransmayr, Christoph: Geständnisse eines Touristen. Ein Verhör. Frankfurt am Main 2016.

Reckwitz, Andreas: Die Gesellschaft der Singularitäten. Zum Strukturwandel der Moderne. Berlin 2017.

Shubin, Neil: Die Geschichte des Lebens. Vier Milliarden Jahre Evolution entschlüsselt. Original: Some Assembly Required. Four Billion Years of Life. From Ancient Fossils to DNA. Frankfurt am Main 2021.

Shubin, Neil: Your Inner Fish. The amazing discovery of our 375-million-year-old ancestor. London u. a. 2008.

Störig, Hans Joachim: Weltgeschichte der Wissenschaft. Band 1. Augsburg 1992.

Stramm, August: Schwermut (Original 1914). In: Menschheitsdämmerung. Ein Dokument des Expressionismus. Neu herausgegeben von Kurt Pinthus. Hamburg 1988, S. 74.

Tegmark, Max: Leben 3.0. Mensch sein im Zeitalter künstlicher Intelligenz. Original: Life 3.0. 2. Auflage Berlin 2017.

Tomasello, Michael: Mensch werden. Eine Theorie der Ontogenese. Berlin 2020.

Weiß, Martin G.: Bios und Zoë. Die menschliche Natur im Zeitalter ihrer technischen Reproduzierbarkeit. Frankfurt am Main 2009.

Welsch, Wolfgang: Homo Mundanus. Jenseits der anthropischen Denkform der Moderne. Zweite, überarbeitete Auflage. Weilerswist 2015.

Welsch, Wolfgang: Mensch und Welt. Eine evolutionäre Perspektive der Philosophie. München 2012.

Abbildungsverzeichnis und Bildnachweis

Abbildung 1: Alexej Jawlensky: Abstrakter Kopf: Leben und Tod – akg-images

Abbildung 2: „Astronomie“ – akg-images

Abbildung 3: Hallim. Rhizom.jpg Copyright Thomas Pruß – Bilderspende von Thomas Pruß in Kooperation mit dem WikiProjekt Pilze und dem Förderprogramm Bilderschatz

Abbildung 4: Charles Robert Darwin Baum des Lebens – akg-images / bilwissedition

Abbildung 5: Spitzer Finds Life Components in Young Universe – akg / Stocktrek Images

Abbildung 6: Edward Coley Burne-Jones: Sisyphus (1870) – akg-images / Ghigo Roli

Abbildung 7: The next step in human evolution where we become part machine and part organic – akg / Mark Stevenson/Stocktrek Images

Abbildung 8: Coloured scanning electron micrograph (SEM) of ebola virus particles (blue) budding from an infected cell – akg / Science Photo Library

Abbildung 9: Von Verlierung der Zeit – akg-images

Abbildung 10: Part of the Hubble Deep Field, 1995 – akg-images / Robert Williams and the Hubble Deep Field Team (STScI) and NASA/SCIENCE PHOTO LIBRARY

MIX
Papier | Fördert gute Waldnutzung
FSC® C083411

Zeitfracht Medien GmbH
Ferdinand-Jühlke-Straße 7
99095 Erfurt, Deutschland
produktsicherheit@kolibri360.de